바빠 초등 8급 한자

이지스에듀

지은이 | 김정미, 강민

김정미 선생님은 서울 교대에서 초등교육을 전공하고, 20년 넘게 교단을 지키고 있다. 남편 강민 선생님과 함께 초등 한자 분야에서 스테디셀러로 자리 매김한 바빠 초등 급수 한자 시리즈를 공동 집필하였다. 바빠 초등 급수 한자 시리즈는 어원을 그림으로 그려 설명하고 획순에 이야기를 담아 어린 아이들도 한자를 쉽게 익히고 급수를 딸 수 있도록 구성한 시리즈로 《바빠 초등 8급 한자》, 《바빠 초등 7급 한자》 1, 2와 《바빠 초등 6급 한자》 1, 2, 3 등이 있다.

강민 선생님은 서울대에서 인문학을 전공하고, 컴퓨터 프로그래머로 일하며 한자를 좋아하여 관심을 두다가, 첫 아이 태교를 하면서 한자의 모양과 소리와 뜻을 파헤치기 시작했다. 부인 김정미 선생님과 함께 《바빠 초등 8급 한자》, 《바빠 초등 7급 한자》 1, 2와 《바빠 초등 6급 한자》 1, 2, 3 등을 출간했다. 한자가 쉽게 외워지는 세 박자 풀이말을 고안해 풀이말을 읽으면 어려운 한자도 척척 써낼 수 있도록 하였다.

‘바빠 초등 급수 한자’ 시리즈

바빠 초등 8급 한자

(이 책은 2016년 6월에 출간된 ‘바쁜 초등학생을 위한 빠른 급수 한자 8급’을 개정 증보한 판입니다.)

초판 1쇄 발행 2025년 6월 27일
초판 3쇄 발행 2026년 1월 20일
지은이 김정미, 강민
발행인 이지연
펴낸곳 이지스퍼블리싱(주)
출판사 등록번호 제313-2010-123호
주소 서울시 마포구 잔다리로 109 이지스 빌딩 5층(우편번호 04003)
대표전화 02-325-1722 　　　　　　　**팩스** 02-326-1723
이지스퍼블리싱 홈페이지 www.easyspub.com 　　**이지스에듀 카페** www.easysedu.co.kr
바빠 아지트 블로그 blog.naver.com/easyspub 　**인스타그램** @easys_edu
페이스북 www.facebook.com/easyspub2014 　**이메일** service@easyspub.co.kr

기획 및 책임 편집 김경진 | 이지혜, 박지연, 김현주 　**디자인** 김세리 　**삽화** 김은호, 김학수
전산편집 책돼지 　**인쇄** 보광문화사 　**영업 및 문의** 이주동, 김요한(support@easyspub.co.kr)
마케팅 라혜주 　**독자 지원** 박애림, 이세진, 김수경

‘빠독이’와 ‘이지스에듀’는 등록된 상품명입니다.
잘못된 책은 구입한 서점에서 바꿔 드립니다.
이 책에 실린 모든 내용, 디자인, 이미지, 편집 구성의 저작권은 이지스퍼블리싱(주)과 지은이에게 있습니다.
허락 없이 복제할 수 없습니다.

ISBN 979-11-6303-710-1 64710
ISBN 979-11-6303-712-5 64710(세트)
가격 11,000원

• 이지스에듀는 이지스퍼블리싱(주)의 교육 브랜드입니다.
　(이지스에듀는 학생들을 탈락시키지 않고 모두 목적지까지 데려가는 책을 만듭니다!)

> **"큰딸에 이어서 작은딸도**
> **〈바빠 초등 급수 한자〉 시리즈로 한자 공부합니다!"**
>
> – 밤톨엄마 님 –

내 아이 첫 한자 책이라 쉬운 교재를 선택했습니다. 한자의 뜻을 그림으로 잘 표현해 이해하기 쉬워 보입니다. 그래서인지 아이가 처음으로 끝까지 다 푼 교재예요.

woomi211 님

한자를 처음 공부하는 아이도 쉽게 따라갈 수 있도록 구성되어 있습니다. 또한 한자가 사용되는 단어들도 같이 다루어서 어휘를 확장할 수 있어 좋았습니다.

kconfidence 님

급수 한자 공부에 필요한 부분만 있어서 효율적으로 공부할 수 있어요. 그리고 가려진 한자를 쓰는 게 아이들 입장에서 재미도 있고 몰입하게 되는 거 같아요.

라벤더 향기 님

이 책을 선택한 가장 큰 이유는 바로 한자 쓰기 비중이 많지 않아서 부담이 없다는 점입니다. 두 번째는 한자 어휘를 읽는 것을 반복해서 훈련시켜 주기 때문에 좋습니다.

clover0311 님

제가 아이에게 한자를 가르치는 이유는 어휘 확장을 위한 건데 다른 교재들은 시험용으로만 나왔더라구요. 이 교재는 한자 어휘 학습이 많다보니 시험 준비 뿐 아니라 어휘력까지 키울 수 있어 만족스럽습니다.

mye 님

남자아이라 한자 쓰기 칸이 많으면 시작하기도 전에 질려 버리는 경향이 있는데 이 교재는 한자 쓰는 칸이 적당한 것 같아요. 바쁜 초등학생을 위한 한자 교재라 그런지 구성이 단순하면서도 한자 공부에 필요한 내용이 모두 들어 있어서 만족합니다.

매일매일소중해 님

한자는 모든 공부의 바탕입니다.

교과서에 나오는 단어의 90% 이상이 한자어입니다. 십만 대군의 '대'가 大(큰 대)라는 걸 안다면 이순신 장군 이야기가 귀에 쏙쏙 들어오고, 사촌의 '사'가 四(넉 사)인 것을 안다면 촌수를 쉽게 알 수 있습니다. 이렇듯 한자 어휘력이 높으면 교과서 이해도가 높아집니다.

주요 과목을 공부하기 전에, 반드시 필수 한자를 익히도록 지도해 주세요! 한자를 먼저 익히면 학습 용어 이해력이 높아져, 이후 모든 과목을 공부하는 데 큰 도움이 됩니다.

급수 시험은 한자 공부에 집중할 수 있는 좋은 계기가 됩니다.

학습의 바탕이 되는 이 한자를 학교에서는 정규 수업으로 가르치지 않습니다. 한자 공부를 어디부터 시작해야 할지 막연하다면 한자 급수 시험을 준비해 보세요. 목표를 정하면 짧은 시간에 효과적으로 한자를 공부할 수 있으니까요. 한자 급수 8급은 한자능력검정시험의 출발점입니다.

한자 공부의 지루함과 암기의 어려움을 해결하는 6가지 방법

그런데 문제는 한자도 공부인지라 지겹다는 점과 힘들게 공부한 한자를 보통 다음날이면 잊어버린다는 겁니다. 이를 해결하기 위해 연구에 연구를 거듭한 결과가 바로 이 책입니다.

❶ '한자의 획'을 그림으로 구현

이 책은 '한자의 획'을 '그림의 선'으로 그려, 그림을 보며 한자를 보다 쉽게 익힐 수 있습니다. 또 '활활 타는 불 화(火)'처럼 한자마다 붙은 풀이말과 함께 공부하면 한자가 기억에 오래 남습니다.

❷ 암기 효과를 2배로 높여 주는 '세 박자 풀이말'

한 획 한 획을 쓸 때 운율이 있는 세 박자 풀이말을 붙여 놓아, 그 풀이말을 기억하면 한자가 자연스럽게 써집니다.

❸ 물방울에 가려진 한자 쓰기

인지 학습 분야 전문가의 말에 따르면 학습에 적정한 어려움이 있을 때 기억에 오래 남는다고 합니다. 이 책에서는 물방울 모양이 적정한 어려움으로 작용해, 한자가 기억에 오래 남게 도와줍니다.

❹ 문해력 향상을 돕는 한자 어휘 공부까지!

이 책은 한자 어휘를 배우고 문장으로 확장해서 한자 어휘력을 키워줍니다. 교과서 용어와 일상적으로 쓰는 어휘에서 아이들이 한자를 발견하고, 교과 개념을 쉽게 이해할 수 있습니다.

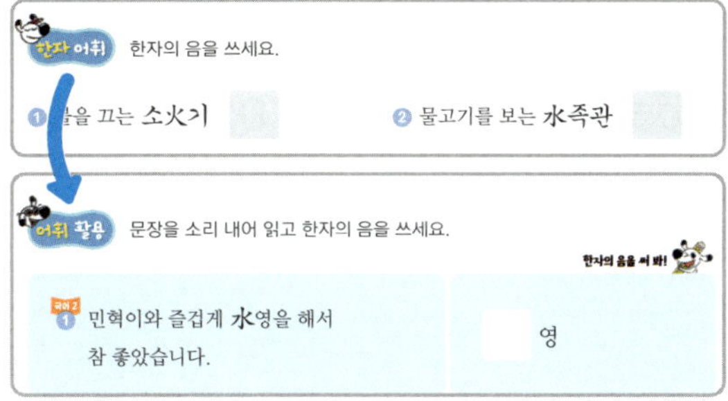

❺ 망각이 일어나기 전에 복습하기 단계 구성!

앞 과에서 배운 한자가 다음 과의 문제 속에 등장해서 자주 복습하게 됩니다. 이는 뇌의 단기 기억을 장기 기억으로 바꾸는 역할을 합니다. 또한 8급 시험 기출 문제를 재구성하여 실전에 대비하도록 하였습니다.

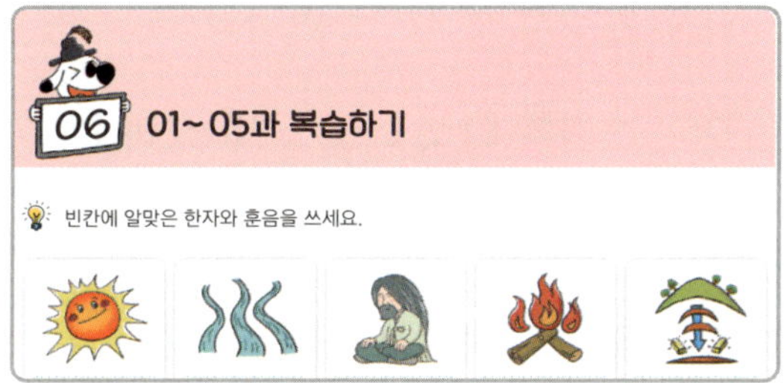

❻ 부록 3회 모의시험 – 실제 시험을 보지 않아도 다 풀면 합격 인증해 주세요!

부록으로 모의시험 3회을 수록했습니다. 8급 시험은 70점 이상을 획득하면 합격입니다. 모의시험 결과가 90점 이상이라면 실제 8급을 취득한 것과 같습니다. 시험지와 답안지도 모두 수록해, 실제 시험장에서 시험을 보듯이 답안 쓰는 연습도 할 수 있어요.

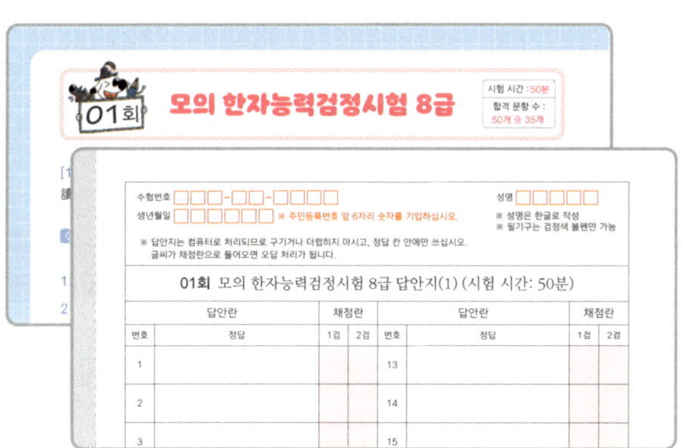

바빠 초등 8급 한자

공부한 날짜

나만의 공부 계획을 세워 보자!

나의 진도 __________ 일

나는 어떤 학생인가?	권장 진도
☑ 한자를 정말 처음 공부해요. ☐ 8급 50자 가운데 아는 한자가 5자도 안 돼요.	30일
☐ 한자 공부를 해본 적이 있어요. ☐ 급수 시험 공부가 처음이에요. ☐ 8급 50자 가운데 아는 한자가 10자 이상이에요.	14일
☐ 한자 공부가 재미있어요. ☐ 8급 자격증을 빨리 따고 싶어요. ☐ 8급 50자 가운데 아는 한자가 20자 이상이에요.	10일

📖 권장 진도표

• 30일 진도는 하루에 한 과씩 공부하면 됩니다.

날짜	1일 차	2일 차	3일 차	4일 차	5일 차	6일 차	7일 차
14일 진도	준비 학습 01~02과	03~04과	05~06과	07~08과	09~10과	11~13과	14~15과
10일 진도	준비 학습 01~03과	04~06과	07~09과	10~12과	13~15과	16~19과	20~23과

날짜	8일 차	9일 차	10일 차	11일 차	12일 차	13일 차	14일 차
14일 진도	16~17과	18~19과	20~22과	23~25과	26~28과	29~30과 모의시험 1회	모의시험 2~3회 끝
10일 진도	24~27과	28~30과 모의시험 1회	모의시험 2~3회 끝				

바빠 초등 8급 한자

한자를 쓰는 순서, 필순을 알면 쉽다!

필순을 왜 공부해야 할까?

처음 한자를 공부하면 한자를 쓰는 일이 어렵게 느껴집니다. 한글과는 달리 일정한 규칙이 없어 보이니까요. 하지만 한자도 쓰는 규칙인 필순이 있습니다. 필순은 붓(筆)으로 획을 쓰는 순서(順)라는 뜻입니다. 한글보다 획이 많은 한자는 필순에 맞게 써야 쓰기도 편하고 글자 모양도 아름답습니다.

필순의 7가지 규칙

이 책에서는 8급 한자에서 알아야 할 기본적인 획을 7가지로 정리했습니다. 필순을 외우려고 애쓰기보다는 앞으로 배울 한자를 자연스럽게 쓰기 위해 가볍게 점검해 보세요.

1. 口(입 구)와 비슷한 한자는 한글의 'ㅁ'과 같은 순서로 씁니다.

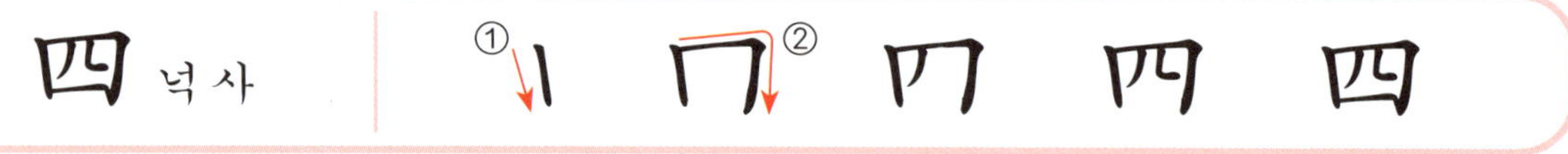

예 日(날 일), 白(흰 백), 國(나라 국)

2. 양쪽 점을 먼저 씁니다.

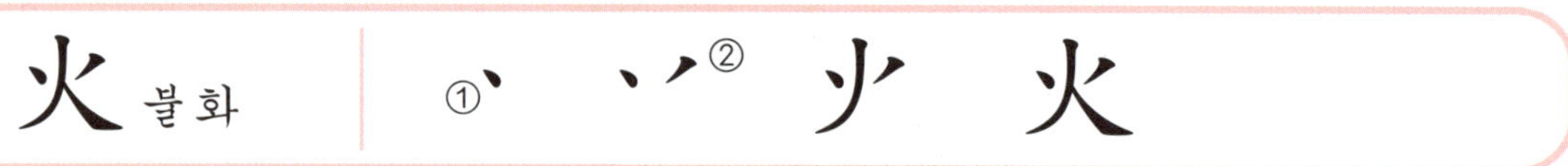

3. ↓(갈고리)가 글자의 한가운데 오면 갈고리 모양을 제일 먼저 씁니다.

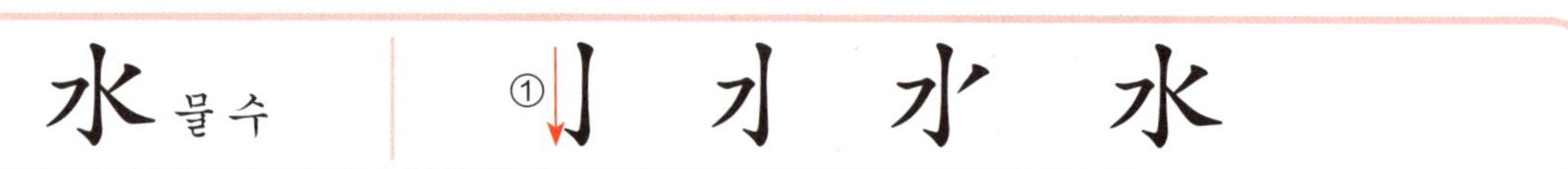

예 小(작을 소)

4. 마지막에 점을 찍습니다.

5. 글자 가운데를 뚫고 지나가는 획은 마지막에 씁니다.

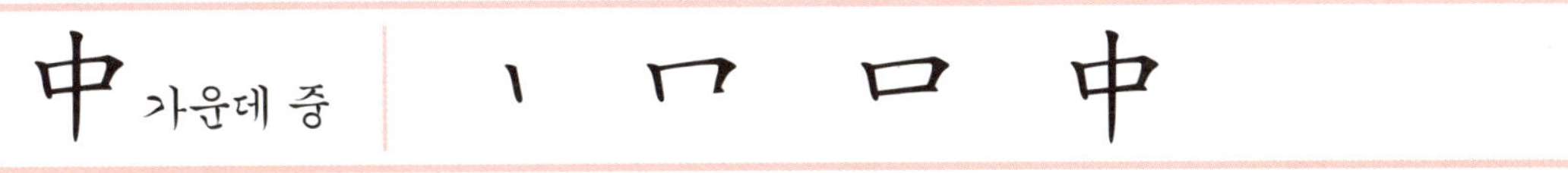

예 軍(군사 군)

6. ノ(삐침) 먼저 쓰고 ㇏(파임)을 나중에 씁니다.

예 校(학교 교)

7. 가로획과 세로획이 만날 때는 가로획을 먼저 씁니다.

예 木(나무 목), 南(남녘 남)

이외에도 '위에서 아래로 쓴다', '왼쪽에서 오른쪽으로 쓴다'는 규칙이 있으나, 자연스럽게 익힐 수 있으므로 다루지 않았습니다. 또한 필순에는 예외가 많아 한자를 쓰는 기본 규칙만 소개했습니다. 필순의 기본 규칙을 바탕으로 이 책에서 제시하는 풀이말에 따라 한자를 쓰고 외워 보세요! 바빠 초등 8급 한자 책으로 학습한다면 필순은 자연스럽게 익혀질 것입니다.

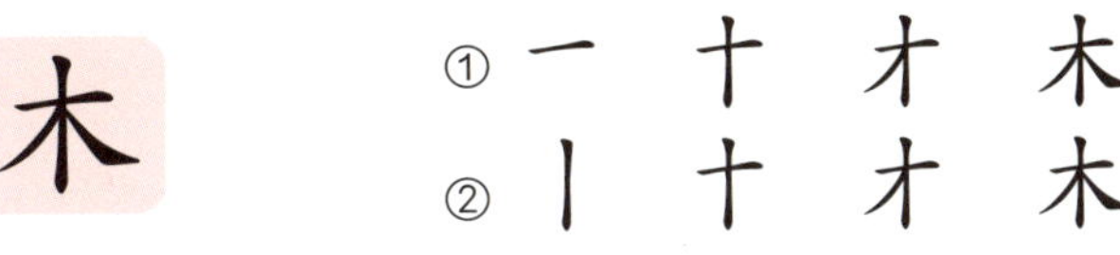

01 날마다 뜨는 날 日, 밤마다 뜨는 달 月

날 일

'날 일'은 해 모양이에요.
가운데 한 획을 그어 口(입 구)와 구별해요.

달 월

'달 월'은 반달 모양이에요.
가운데 두 획은 달의 검은 무늬예요.

 풀이말을 큰 소리로 읽으며 획을 따라 쓰세요.

따라 써 봐!

도움말 해나 달은 둥근데 글자는 왜 네모날까요? 처음에 둥글었던 글자가 조금씩 변해 네모 모양이 되었대요.

 **물방울 한자**   물방울 ⬤ 에 가려진 한자를 필순에 맞게 쓰고, 빈칸에 훈과 음을 쓰세요.

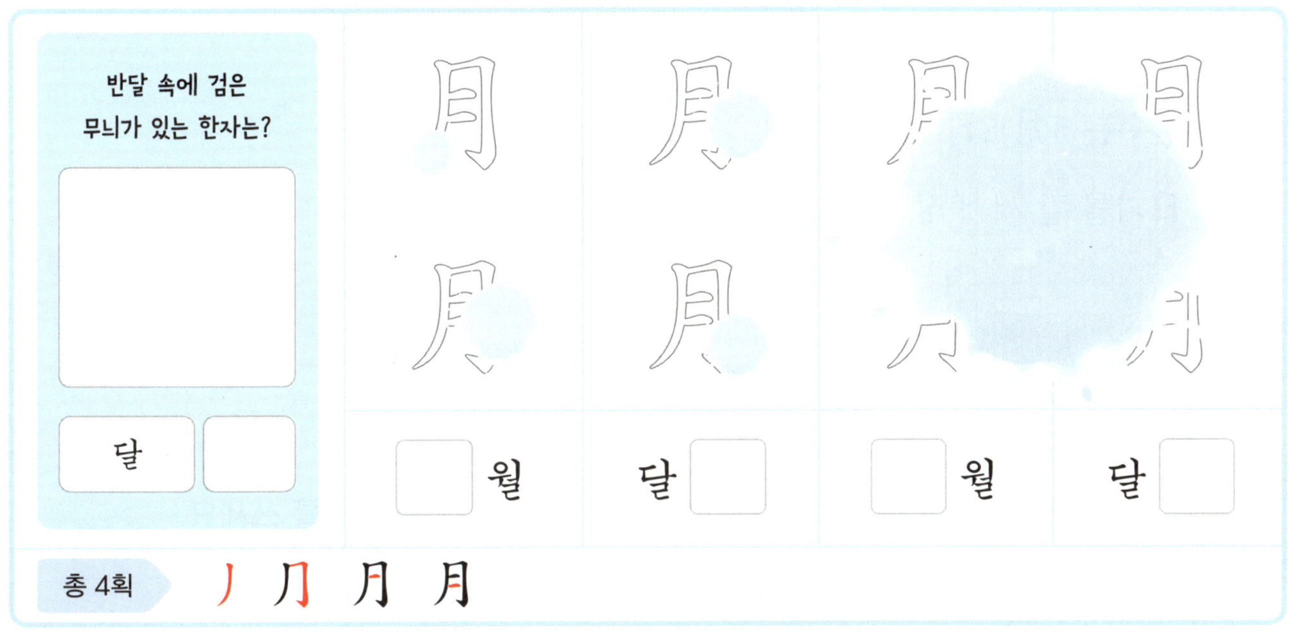

 **한자 어휘**   한자의 음을 쓰세요.

① 날마다 쓰는 **日기**   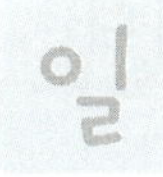

② 한 해의 여덟째 달 **팔月**   

③ 세상에 태어난 날 **생日**   

④ 한 주 시작의 기준 **月요일**   

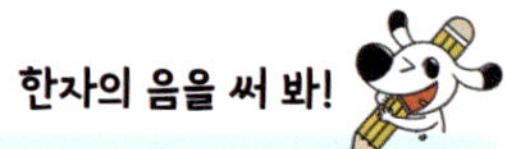

어휘 활용 문장을 소리 내어 읽고 한자의 음을 쓰세요.

한자의 음을 써 봐!

국어 2
1 할머니께 생日 축하 카드를
받은 적이 있어요.

생 [일]

2 8月 15日은 광복절입니다.

8 [ ]　15 [ ]

국어 1
3 지난 月요日에 사과를
직접 따 보니 정말 재밌었어요.

[ ] 요 [ ]

4 민수는 5月 5日 어린이날에
日기를 잘 써서 상을 받았습니다.

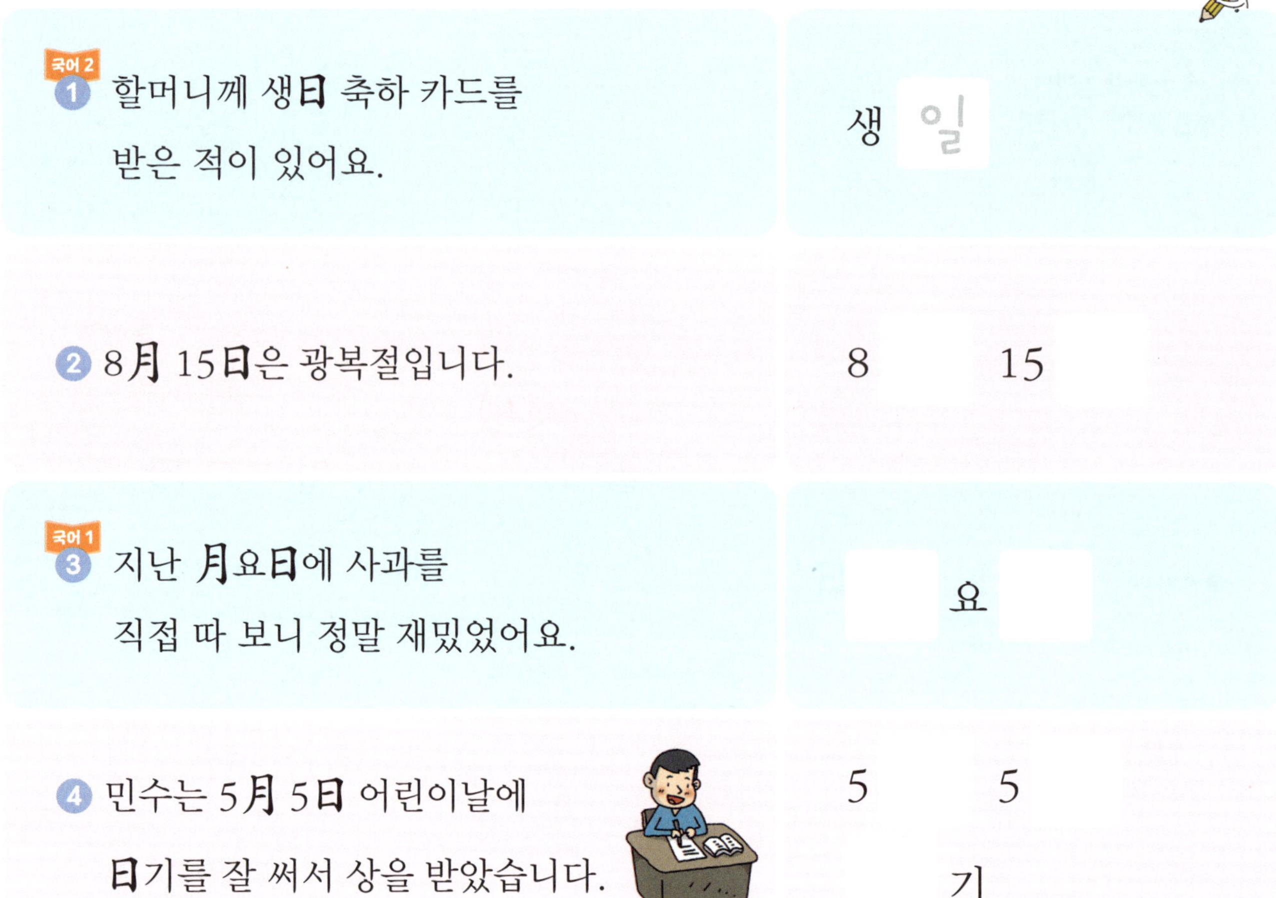

5 [ ]　5 [ ]

[ ] 기

밑줄 친 말에 해당하는 한자를 <보기>에서 찾아 그 번호를 쓰세요.

<보기>　① 日　② 月

1. <u>달</u>이 엄마처럼 따뜻하게 느껴집니다. ________

2. <u>해</u>가 저물어도 바다에서 즐겁기만 합니다. ________

정답 ❶ 일 ❷ 월, 일 ❸ 월, 일 ❹ 월, 일, 일 | 1. ② 2. ①

02 활활 타는 불 火, 굽이치며 흐르는 물 水

불 화

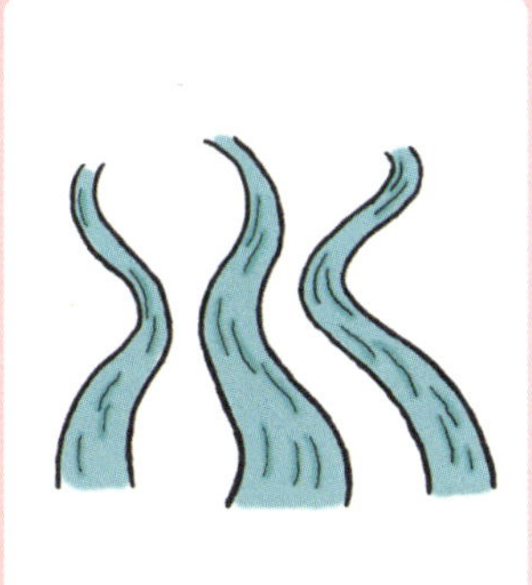

물 수

'불 화'는 불꽃 모양이에요.
작은 불꽃과 큰 불꽃을 그렸어요.

'물 수'는 강물 모양이에요.
왼쪽과 오른쪽으로 굽이치며 흘러요.

 **풀이말** 풀이말을 큰 소리로 읽으며 획을 따라 쓰세요.

따라 써 봐!

火	火		火
작은 불꽃	큰 불꽃	불 화	불 ☐

水	水	水		水
강물이	왼쪽 굽이치고	오른쪽 굽이치는	물 수	물 ☐

도움말 火(불 화)는 작은 두 점을 먼저 쓰고, 水(물 수)는 가운데 획을 먼저 써요.

물방울 한자 물방울 에 가려진 한자를 필순에 맞게 쓰고, 빈칸에 훈과 음을 쓰세요.

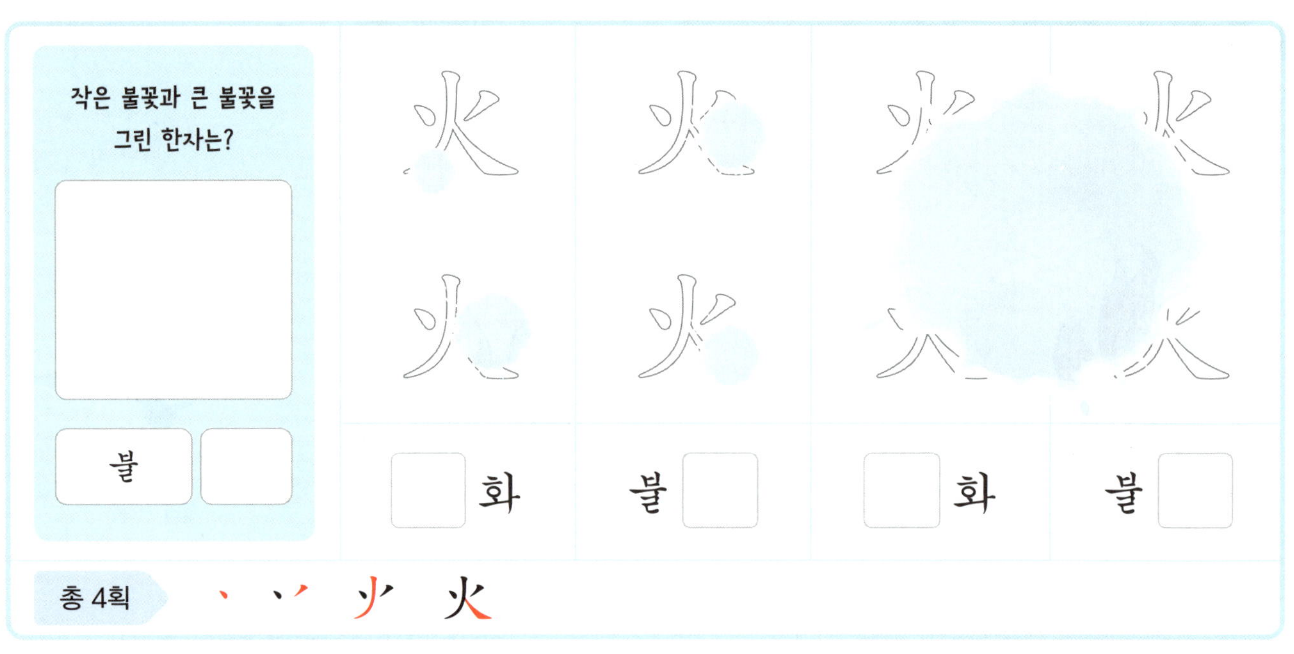

작은 불꽃과 큰 불꽃을 그린 한자는?

불 [ ]

[ ] 화 | 불 [ ] | [ ] 화 | 불 [ ]

총 4획 `丶 丷 少 火`

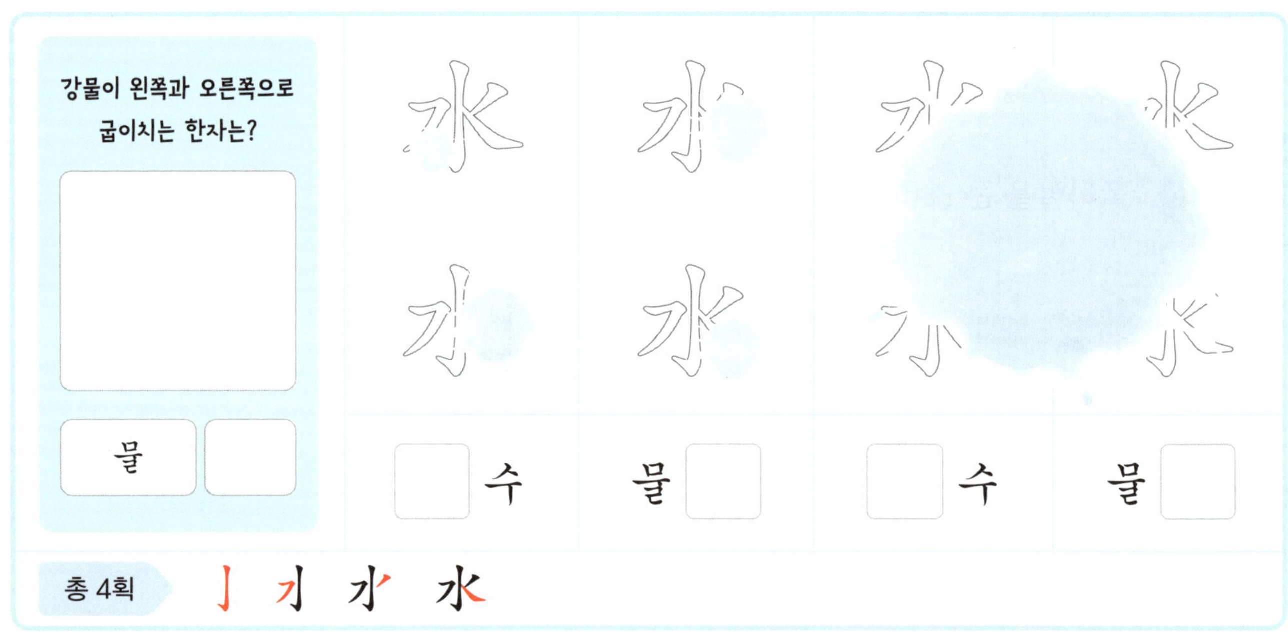

강물이 왼쪽과 오른쪽으로 굽이치는 한자는?

물 [ ]

[ ] 수 | 물 [ ] | [ ] 수 | 물 [ ]

총 4획 `亅 水 水 水`

 한자의 음을 쓰세요.

① 불을 끄는 **소火기** 

② 물고기를 보는 **水족관** 

③ 불에 덴 상처 **火상** 

④ 물에서 헤엄치는 **水영** 

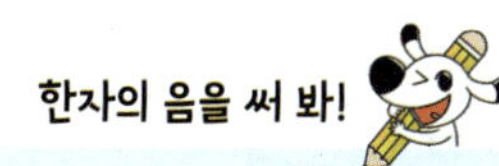

국어 2
① 민혁이와 즐겁게 **水**영을 해서
참 좋았습니다.

◻ 영

② **水**족관에서 화재가 발생했지만
바로 소**火**기로 불을 껐습니다.

◻ 족관
소 ◻ 기

③ 물이 김이 되어 밖으로 나가면
水증기라고 부릅니다.

◻ 증기

④ 촛불 실험을 할 때는
火상을 입지 않도록 조심하세요.

◻ 상

밑줄 친 말에 해당하는 한자를 <보기>에서 찾아 그 번호를 쓰세요.

<보기>　　① 月　　② 火　　③ 水

1. 푸른 물에 헤엄치러 바다로 가자. ＿＿＿＿＿

2. 개울가에 모닥불을 피웠습니다. ＿＿＿＿＿

3. 둥근 달이 두둥실 떠오릅니다. ＿＿＿＿＿

03 가지 뻗은 나무 木, 땅속에서 캐는 쇠 金

나무 목

'나무 목'은 나뭇가지와 줄기
그리고 뿌리를 나타낸 모양이에요.

쇠 금

'쇠 금'은 산 아래 땅속 깊이 있는
쇳덩이를 캐는 모습이에요.

풀이말 풀이말을 큰 소리로 읽으며 획을 따라 쓰세요.

따라 써 봐!

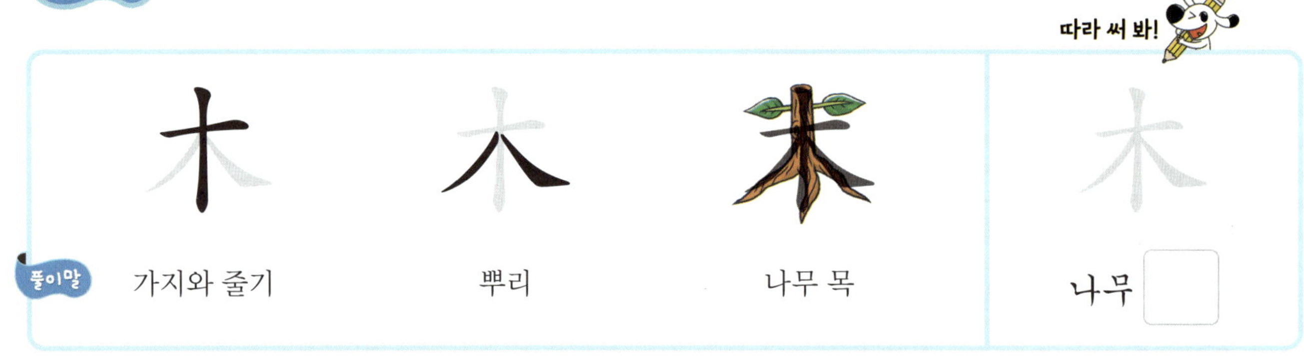

풀이말 가지와 줄기	뿌리	나무 목	나무

풀이말 산 아래	땅속 깊이	쇳덩이	쇠 금	금

도움말 金(쇠 금)은 '성 김'으로도 쓰여요. ➡ 金(김)유신 장군

물방울 한자 물방울 💧 에 가려진 한자를 필순에 맞게 쓰고, 빈칸에 훈과 음을 쓰세요.

가지와 줄기 그리고 뿌리가 있는 한자는?

나무 [ ]

| [ ] 목 | 나무 [ ] | [ ] 목 | 나무 [ ] |

총 4획　一 十 才 木

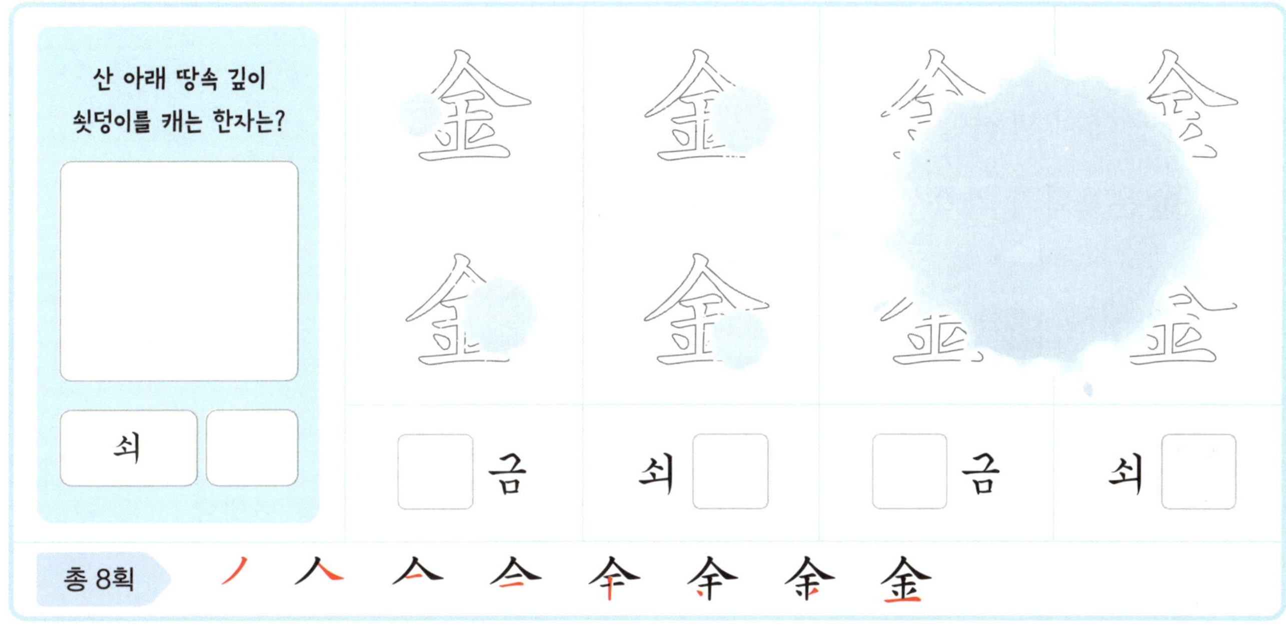

산 아래 땅속 깊이 쇳덩이를 캐는 한자는?

쇠 [ ]

| [ ] 금 | 쇠 [ ] | [ ] 금 | 쇠 [ ] |

총 8획　ノ 人 스 스 乍 乍 余 金

한자 어휘 한자의 음을 쓰세요.

① 나무가 많은 수木원 　

② 누런 금덩이 황金 　

③ 나무로 만든 회전木마 　

④ 금을 캐는 金광 　

1 우리 수木원에는 전나무, 참나무, 소나무가 많습니다. 

수 　 원

인물 2
2 황金 보기를 돌같이 하라.

황 　

3 日요日에는 놀이공원에 가서 회전木마를 탔습니다.

　 요 　

회전 　 마

4 동굴에서 발견한 항아리에는 金은보화가 가득했습니다. 

　 은보화

밑줄 친 말에 해당하는 한자를 <보기>에서 찾아 그 번호를 쓰세요.

<보기>　　① 水　　　② 木　　　③ 金

1. 울창한 나무 사이로 오솔길이 나 있습니다. ________

2. 금덩이를 동굴에 숨겼습니다. ________

3. 나도 빨리 물놀이를 하고 싶었습니다. ________

정답　❶ 목　❷ 금　❸ 일, 일, 목　❹ 금　│　1. ② 2. ③ 3. ①

04 높이 쌓인 흙 土, 달 뜬 저녁 담 넘어 바깥 外

흙 토

'흙 토'는 흙이 땅 위에
도도록하게 높이 쌓인 모양이에요.

바깥 외

'바깥 외'는 달이 뜬 저녁에
담장을 넘어가는 모습이에요.

풀이말 풀이말을 큰 소리로 읽으며 획을 따라 쓰세요.

따라 써 봐!

土	土	土	土
흙덩이가	높이 쌓인 모양	흙 토	흙

外	外	外	外
달 뜬 저녁	담장 넘어	바깥 외	바깥

도움말 外(바깥 외)의 왼쪽 夕(저녁 석)은 달(月)이 반쯤 뜬 저녁으로 月을 살짝 기울여 반만 써요.

물방울 한자 물방울 ⬭ 에 가려진 한자를 필순에 맞게 쓰고, 빈칸에 훈과 음을 쓰세요.

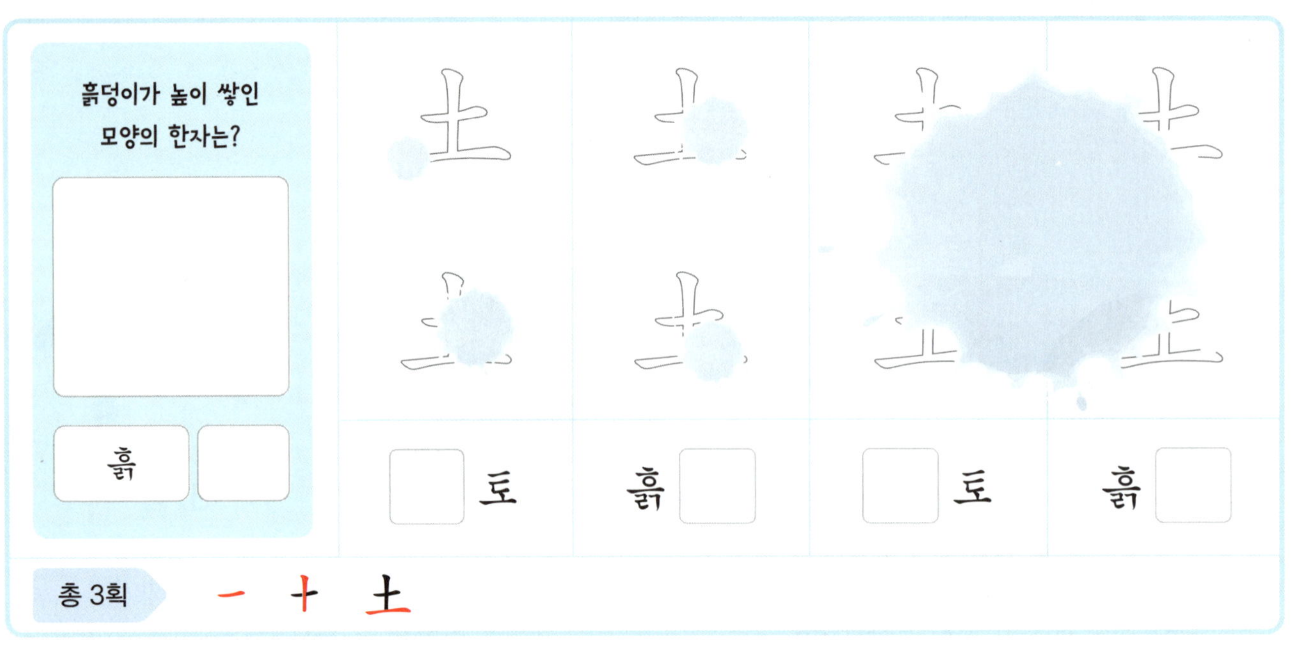

흙덩이가 높이 쌓인 모양의 한자는?				
흙 ☐	☐ 도	흙 ☐	☐ 도	흙 ☐

총 3획　一　十　土

달이 뜬 저녁에 담장을 넘는 모습을 그린 한자는?				
바깥 ☐	☐ 외	바깥 ☐	☐ 외	바깥 ☐

총 5획　丿　ㄅ　夕　夕　外

한자 어휘 한자의 음을 쓰세요.

❶ 흙으로 만든 그릇 **土기** 

❷ 바깥 나라 사람 **外국인** 

❸ 흙으로 쌓은 성 **土성**

❹ 밖에서 밥 먹는 **外식** 

한자의 음을 써 봐!

1 우리 가족은 지난 **日**요**日**에 **外**식을 하였습니다.

요
식

2 **土**성 안에서 벽돌과 기와가 발굴되었습니다.

성

3 **金**요**日**은 학교에 가지만 **土**요**日**은 가지 않습니다.

요
요

국어 2
4 **土**요**日** 아침, 윤재네 가족은 공원에 도착했습니다.

요

도전!
8급
시험

밑줄 친 말에 해당하는 한자를 〈보기〉에서 찾아 그 번호를 쓰세요.

〈보기〉   ① 木   ② 土   ③ 外

1. 나는 저녁을 먹고 집 <u>바깥</u>으로 나갔습니다. ________

2. 두껍아, 두껍아, <u>흙</u>집 지어라. ________

3. 새가 <u>나무</u>에 둥지를 틀고 알을 낳았습니다. ________

05 손목 마디 마디 寸, 머리카락이 긴 어른 긴 長

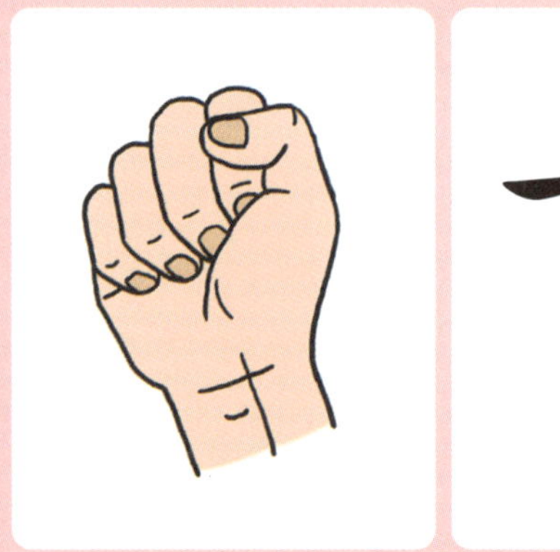

마디 촌

'마디 촌'은
손목 마디를 그렸어요.

긴 장

'긴 장'은 머리카락이 긴
어른이 앉아 있는 모습이에요.

 풀이말을 큰 소리로 읽으며 획을 따라 쓰세요.

따라 써 봐!

| 손바닥 | 손목 마디 | 마디 촌 | 마디 |

| 긴 머리카락 | 허리 아래 책상다리를 하고 앉은 | 긴 장 | 긴 |

도움말 손목 마디를 그린 寸은 짧은 거리를 나타내요. 그래서 촌수(寸數)처럼 가족이나 친척 사이에 멀고 가까운 정도를 나타낼 때 써요. 長(긴 장)은 '어른 장'이라는 뜻도 있어요. ➔ 교장(校長)

물방울 ◯ 에 가려진 한자를 필순에 맞게 쓰고, 빈칸에 훈과 음을 쓰세요.

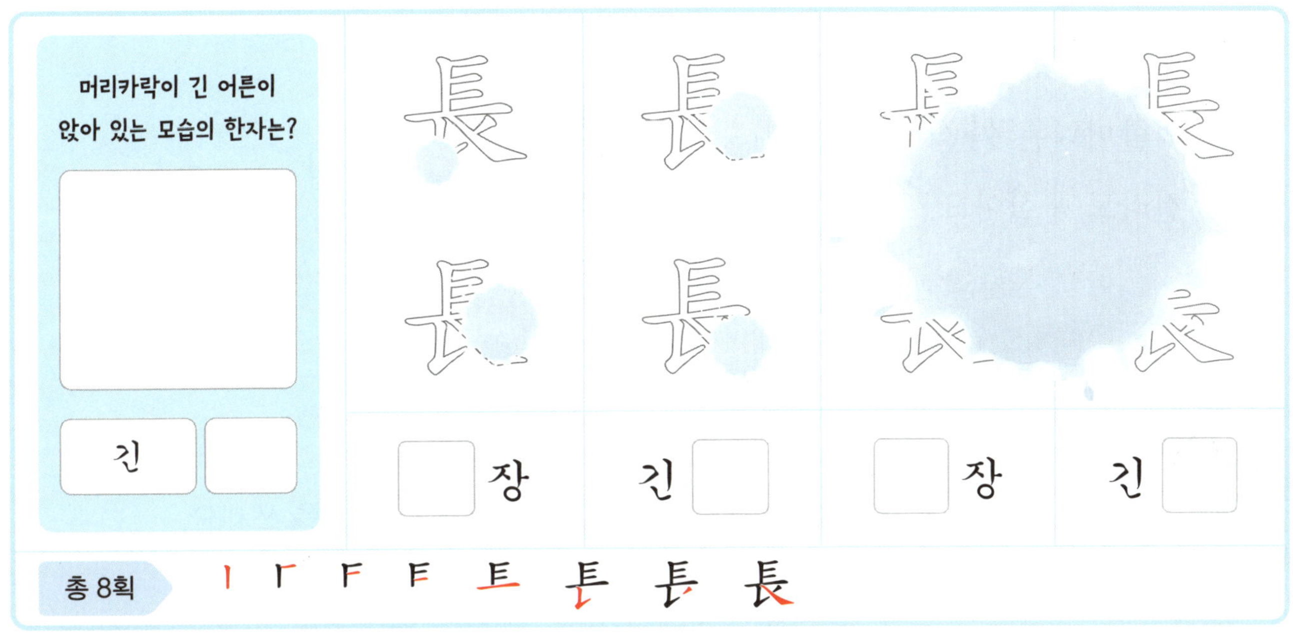

한자의 음을 쓰세요.

1 아버지의 형제 **삼寸**

2 길게 늘이는 **연長**

3 삼촌의 자녀 **사寸**

4 학교를 이끄는 어른 **교長**

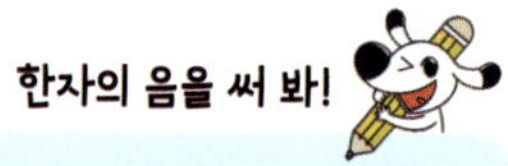

1 추석에 할아버지 댁에 가면
사寸 형을 만납니다.

사 ☐

국어 2
2 교長 선생님께서 뒤뜰을
자유롭게 꾸며 보라고 하셨어요.

교 ☐ 선생님

3 마을버스 노선을
연長 운행 했습니다.

연 ☐

4 외할머니는 外삼寸과 함께
전라도에 살아요.

☐ 삼 ☐

밑줄 친 말에 해당하는 한자를 〈보기〉에서 찾아 그 번호를 쓰세요.

〈보기〉　　① 外　　② 寸　　③ 長

1. 어른께는 '안녕하세요.'라고 하는 거예요. ________

2. 창 밖에 함박눈이 내립니다. ________

3. 외삼촌과 남대문 시장에 놀러 갔습니다. ________

💡 빈칸에 알맞은 한자와 훈음을 쓰세요.

日

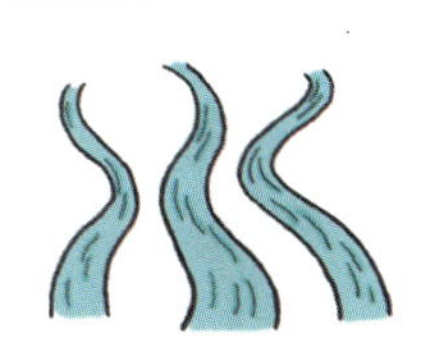

水

긴 장

火

쇠 금

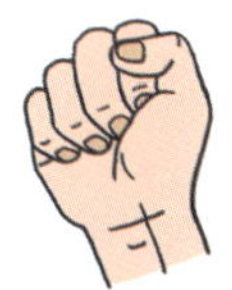

마디 촌

木

金

月

外

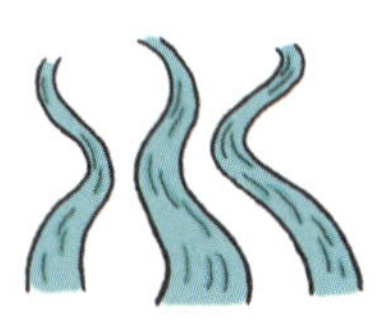

물 수

土

長

바깥 외

寸

 빈칸에 알맞은 한자를 <보기>에서 찾아 쓰세요.

<보기> 日 月 火 水 木 金 土 外 寸 長

1. 화요일에 　　　국인 선생님이 새로 오셨습니다.

2. 8　　　15　　　은 광복절입니다.

3. 상미는 교　　　선생님께 인사하였습니다.

4. 민규는 　　　영장에서 미끄러졌습니다.

5. 놀이공원에서 회전　　　마를 탔습니다.

6. 항아리에는 　　　은보화가 가득했습니다.

7. 할아버지 댁에 가서 사　　　형을 만납니다.

8. 바로 소　　　기로 불을 껐습니다.

9. 　　　요일과 　　　요일에는 학교 수업이 없습니다.

10. 부모님과 함께 　　　삼촌 댁에 갔습니다.

[1~3] 다음 ( ) 안에 있는 한자의 독음(讀音: 읽는 소리)을 쓰세요.

1. (金)요일   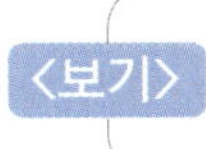

2. (外)국   __________

3. 사(寸) 형   __________

[4~6] 다음 훈(訓: 뜻)이나 음(音: 소리)에 알맞은 한자를 〈보기〉에서 찾아 그 번호를 쓰세요.

〈보기〉 ① 金   ② 寸   ③ 長

4. 마디   __________

5. 장   __________

6. 쇠 / 성(姓)   __________

[7~9] 다음 밑줄 친 말에 해당하는 한자를 〈보기〉에서 찾아 그 번호를 쓰세요.

〈보기〉 ① 土   ② 日   ③ 水

7. 물고기들이 물에서 헤엄칩니다.   __________

8. 민희는 흙 묻은 손을 털었습니다. 

9. 이 방은 해가 잘 듭니다.   __________

[10~13] 다음 한자의 훈(訓: 뜻)과 음(音: 소리)을 쓰세요.

〈보기〉 天 → 하늘 천

10. 火   __________

11. 木   __________

12. 外   __________

13. 月   __________

[14~15] 다음 한자의 진하게 표시한 획은 몇 번째 쓰는지 〈보기〉에서 찾아 그 번호를 쓰세요.

〈보기〉
① 첫 번째   ② 두 번째
③ 세 번째   ④ 네 번째
⑤ 다섯 번째   ⑥ 여섯 번째
⑦ 일곱 번째   ⑧ 여덟 번째
⑨ 아홉 번째   ⑩ 열 번째

14. 金   15. 

____

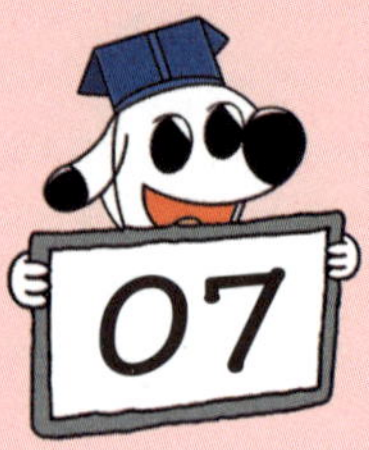

07

손가락 하나 한 一, 손가락 둘 두 二

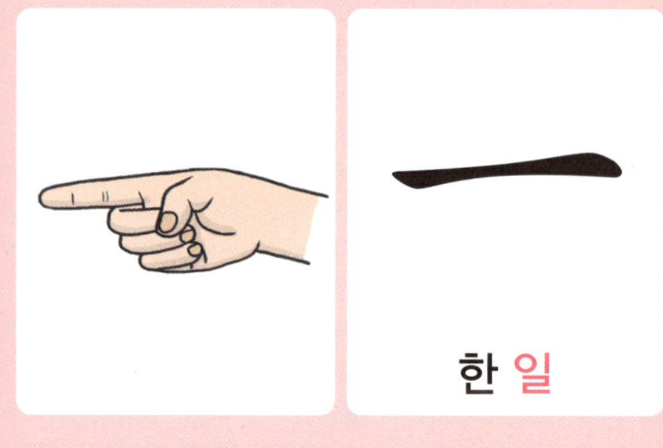

한 일

'한 일'은 손가락 하나를 편
모양이에요.

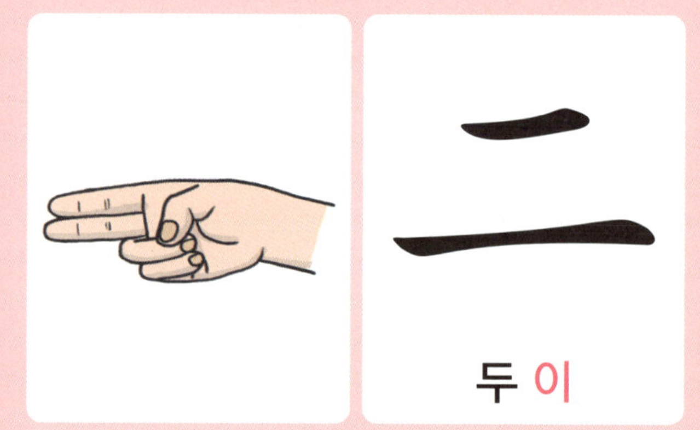

두 이

'두 이'는 손가락 둘을 편
모양이에요.

풀이말

풀이말을 큰 소리로 읽으며 획을 따라 쓰세요.

따라 써 봐!

풀이말

손가락 하나 · 한 일 · 한

풀이말

손가락 둘 · 두 이 · 두

물방울 **한자** 물방울 🔵 에 가려진 한자를 필순에 맞게 쓰고, 빈칸에 훈과 음을 쓰세요.

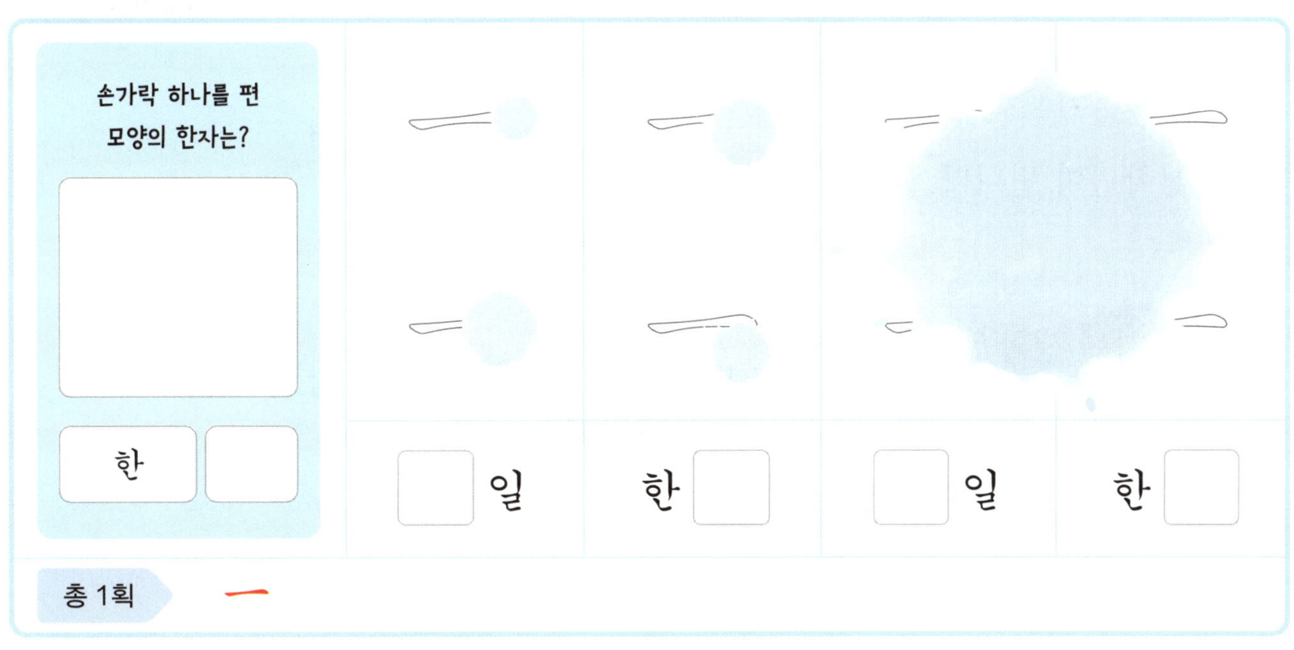

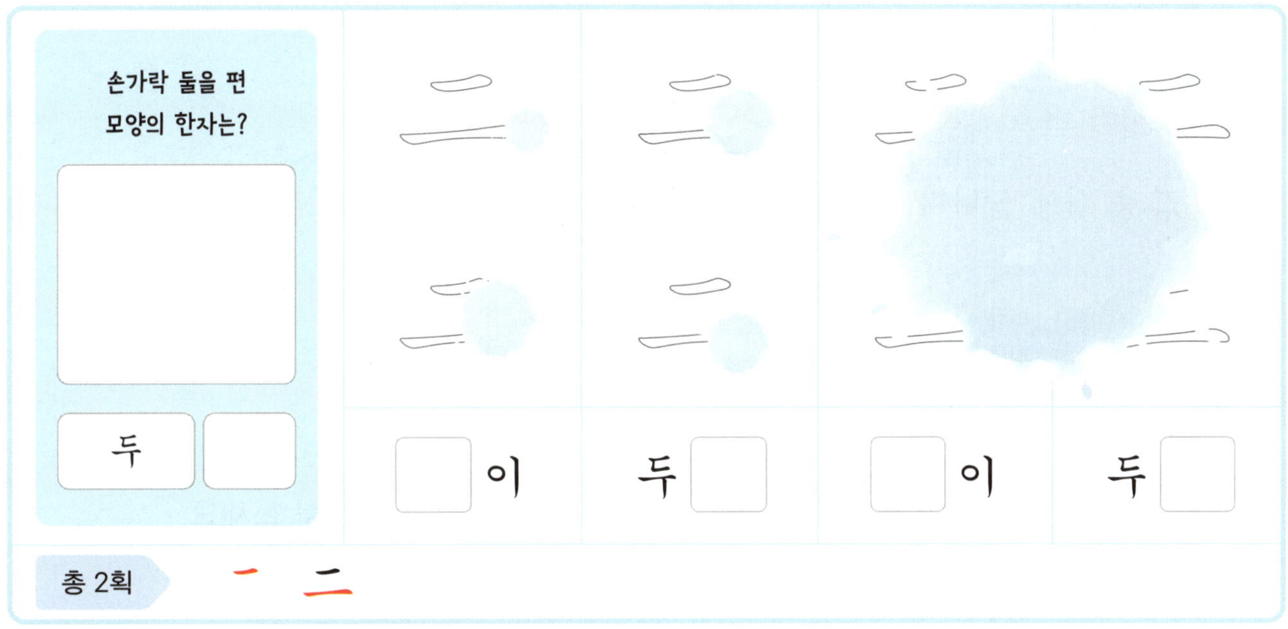

한자 **어휘** 한자의 음을 쓰세요.

① 첫 학년 一학년

② 스무 해 二십년

③ 한 해의 첫째 달 一월

④ 한 달의 둘째 날 二일

한자의 음을 써 봐!

① 나는 一년 후에
삼학년이 됩니다.

년

기억 2
② 二학년 생활을 담은 책을
만들어 볼까요?

학년

③ 삼月 一日은 우리 선조들이
독립을 선언한 날입니다.

삼

④ 우리 가족은 대문이 있는
二층 집에 삽니다.

층

밑줄 친 말에 해당하는 한자를 <보기>에서 찾아 그 번호를 쓰세요.

<보기>　　　① 長　　　② 一　　　③ 二

1. 생쥐들이 귀여워 두 눈이 오목오목 커졌습니다. ________

2. 어렵게 꿩 한 마리를 잡았습니다. ________

3. 두루미는 긴 부리로 맛있게 먹었습니다. ________

정답 ① 일 ② 이 ③ 월, 일, 일 ④ 이 ｜ 1. ③ 2. ② 3. ①

08

손가락 셋 석 三, 손가락 넷 넉 四

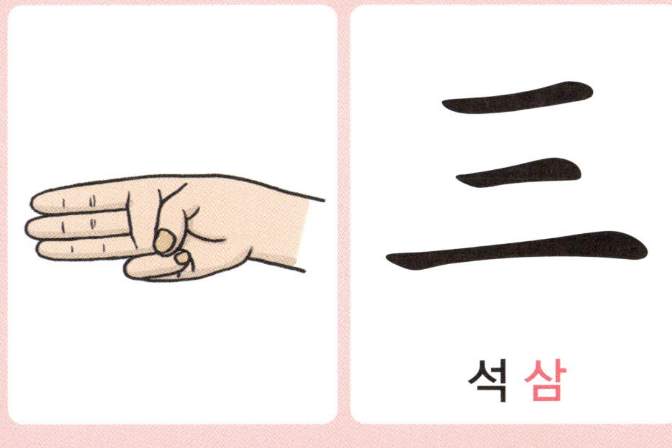

석 삼

'석 삼'은 손가락 셋을 편
모양이에요.

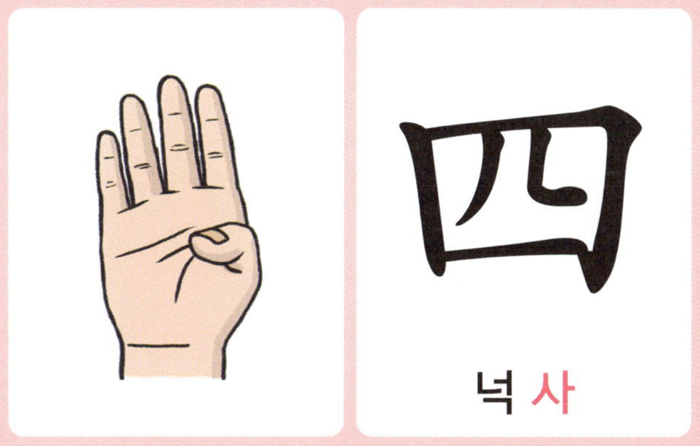

넉 사

'넉 사'는 손가락 넷을 위로 편
모양이에요.

풀이말 풀이말을 큰 소리로 읽으며 획을 따라 쓰세요.

따라 써 봐!

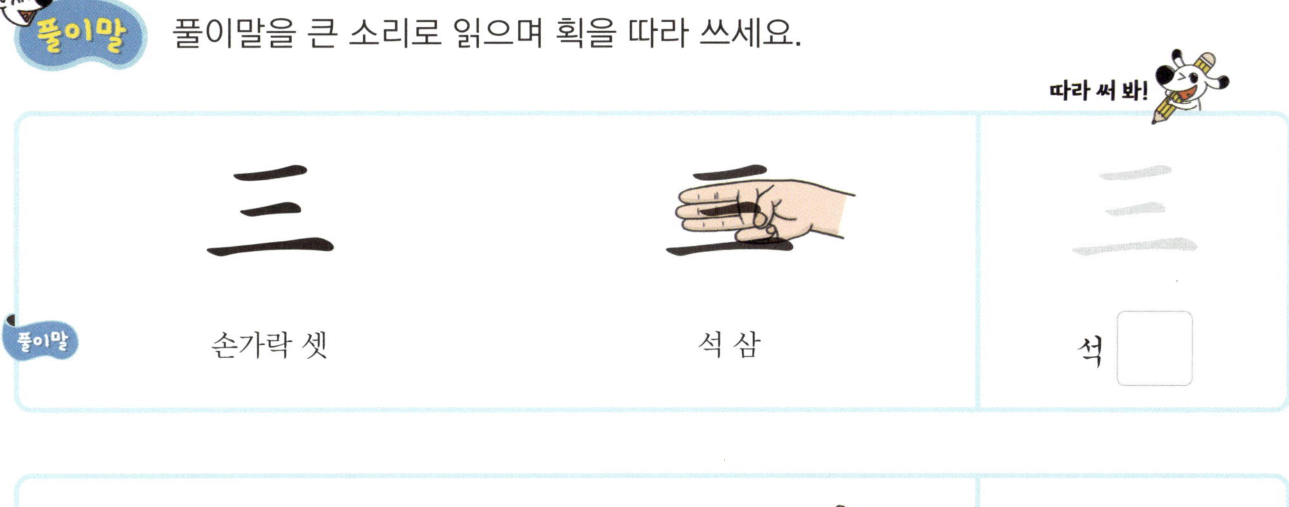

풀이말

| 손가락 셋 | 석 삼 | 석 ☐ |

풀이말

| 손가락 둘과 | 손가락 둘을 | 편 | 넉 사 | 넉 ☐ |

도움말 '달', '냥', '되', '섬', '자' 앞에 '석'이나 '넉'을 써서 '셋'과 '넷'을 나타내요. ● 석 달, 금 석 냥, 콩 석 되, 보리 넉 섬, 삼베 넉 자

물방울 한자 물방울 ⬤ 에 가려진 한자를 필순에 맞게 쓰고, 빈칸에 훈과 음을 쓰세요.

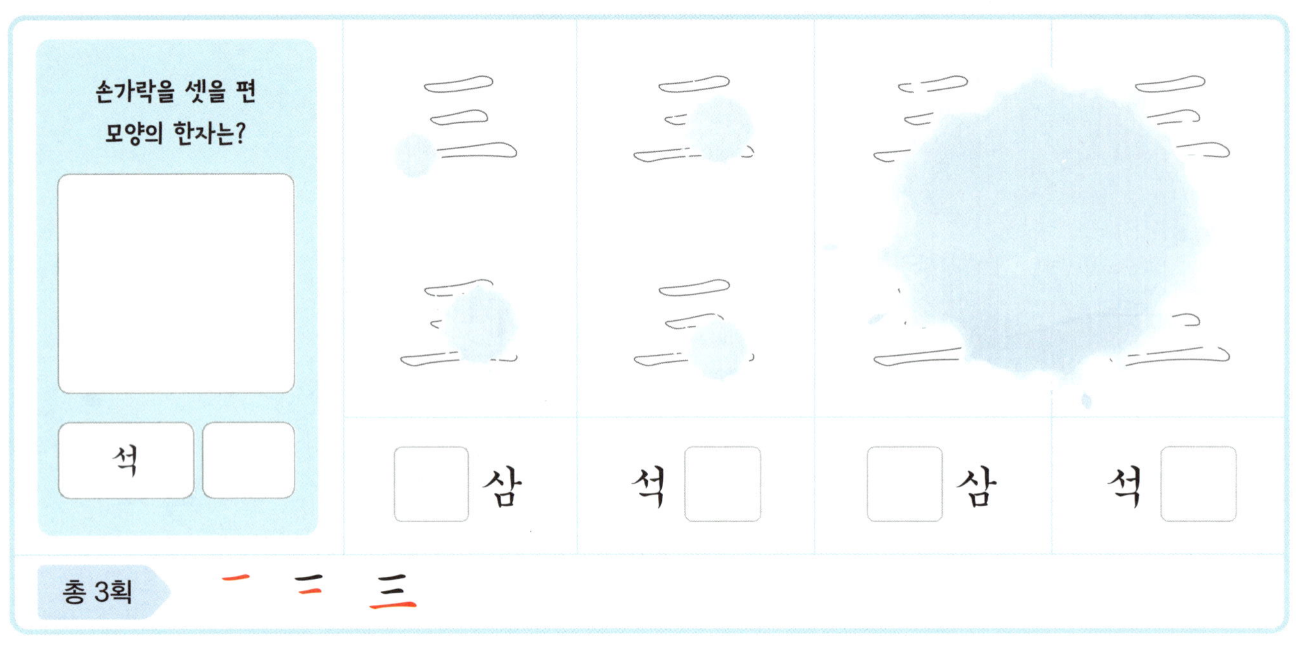

석

□ 삼   석 □   □ 삼   석 □

총 3획   一 二 三

넉

□ 사   넉 □   □ 사   넉 □

총 5획   丨 冂 冂 四 四

한자 어휘 한자의 음을 쓰세요.

1 아버지의 형제 **三촌**

2 삼촌의 아들, 딸 **四촌**

3 세 개의 각이 있는 **三각형**

4 서울의 4대문 **四대문**

한자의 음을 써 봐!

1 지난 추석에 부모님과 함께

外三寸 댁을 갔습니다.

2 四방은 동서남북을 가리킵니다.

	방

기억 2
3 三학년 된 나를

응원하는 편지를 담고 싶어.

	학년

수학 2
4 三각형과 四각형으로 나누고

각각의 개수를 세어 보세요.

	각형,		각형

밑줄 친 말에 해당하는 한자를 〈보기〉에서 찾아 그 번호를 쓰세요.

〈보기〉	① 二	② 三	③ 四

1. 흥부는 보리쌀 넉 되를 얻었습니다. ________

2. 심청이 떠난 지 석 달이 되었습니다. ________

3. 둘 하면 두부 장수, 두부를 판다고 잘잘잘. ________

09 손가락 다섯 **다섯 五**, 다섯에 하나 더 **여섯 六**

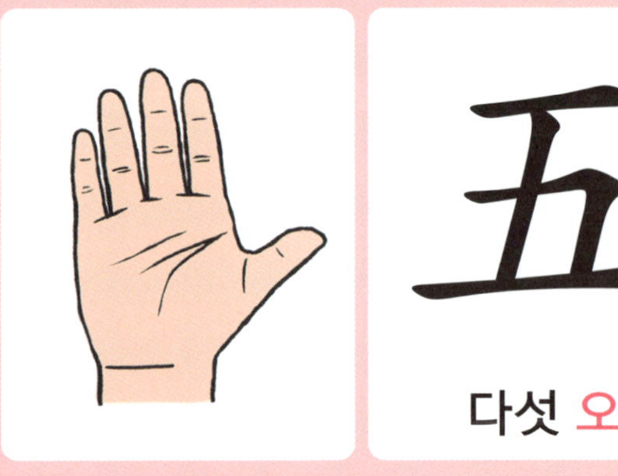

다섯 **오**

여섯 **룩**

‘다섯 오’는 손가락 다섯을
모두 편 모양이에요.

‘여섯 룩’은 엄지를 든 모양이에요.
하나에 다섯을 더하여 여섯이 돼요.

풀이말 풀이말을 큰 소리로 읽으며 획을 따라 쓰세요.

| **풀이말** | 나란히 | 손가락 모두 | 편 | 다섯 오 | 다섯 |

| **풀이말** | 엄지 들고 | 오므린 손 | 여섯 룩 | 여섯 |

도움말 六(여섯 룩)은 五六島(오룩도), 六十(육십), 六月(유월), 五六月(오뉴월)처럼 여러 가지로 소리가 나요.

물방울 한자 물방울 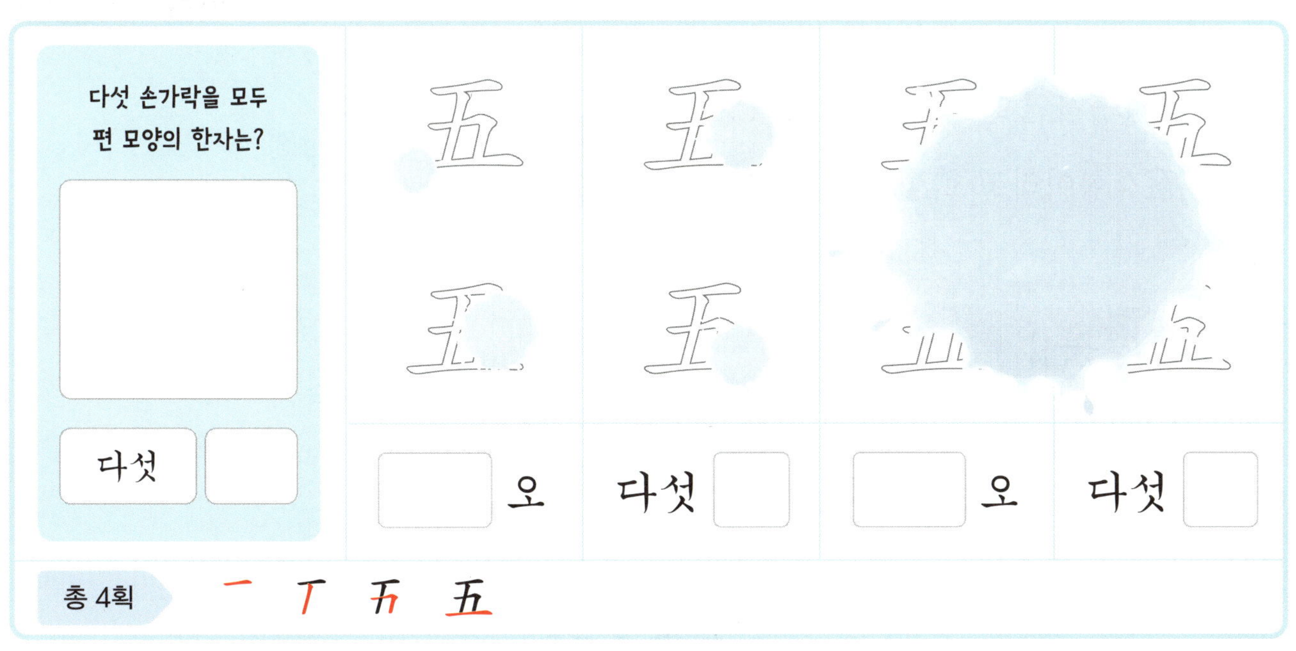 에 가려진 한자를 필순에 맞게 쓰고, 빈칸에 훈과 음을 쓰세요.

다섯 손가락을 모두 편 모양의 한자는?

다섯 [ ]

[ ] 오	다섯 [ ]	[ ] 오	다섯 [ ]

총 4획 　一 丁 五 五

엄지를 든 모양의 한자는?

여섯 [ ]

[ ] 륙	여섯 [ ]	[ ] 륙	여섯 [ ]

총 4획 　丶 二 六 六

한자 어휘 한자의 음을 쓰세요.

六(여섯 륙)이 낱말의 첫머리에 올 때에는 '육'으로 읽어요.

1 다섯 가지 색깔 **五색** [ ]

2 예순 살을 뜻하는 **六순** [ ]

3 꼭지가 다섯 개 **五각형** [ ]

4 면이 여섯 개 **六면체** [ ]

 문장을 소리 내어 읽고 한자의 음을 쓰세요.

① 변이 5개인 도형을
五각형이라고 합니다.

☐ 각형

② 60은 六십 또는 예순이라고
읽습니다.

☐ 십

③ 재주꾼 五 형제에게 무슨
일이 있었나요?

☐ 형제

④ 벌집은 처음에는 동그랗다가
점점 六각형으로 변합니다.

☐ 각형

밑줄 친 말에 해당하는 한자를 〈보기〉에서 찾아 그 번호를 쓰세요.

〈보기〉 ① 四   ② 五   ③ 六

1. 내 아우는 여섯 살이고 얼굴이 흽니다. ________

2. 넷 하면 냇가에서 빨래를 한다고 잘잘잘. ________

3. 생쥐 다섯이 오르르 몰려왔습니다. ________

정답 ① 오 ② 육 ③ 오 ④ 육 | 1. ③ 2. ① 3. ②

10 둘을 다섯에 더해 일곱 七, 넷 더하기 넷 여덟 八

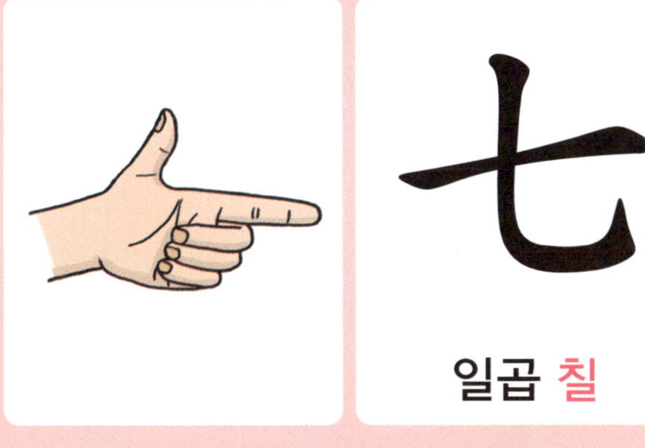

일곱 칠

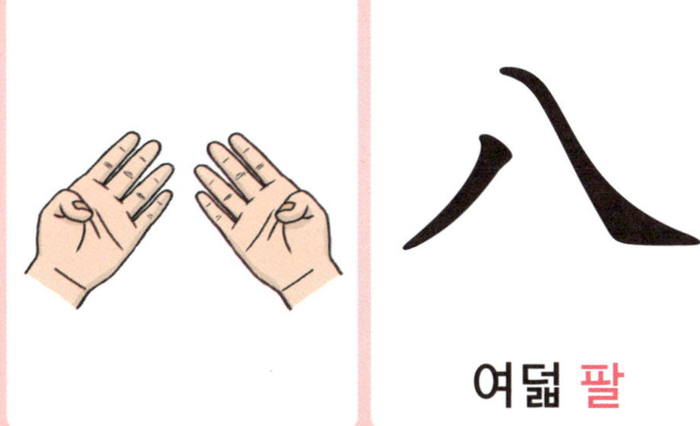

여덟 팔

'일곱 칠'은 검지와 엄지를 편 모양이에요.
둘을 다섯에 더하여 일곱이 돼요.

'여덟 팔'은 왼 손가락 네 개와,
오른 손가락 네 개를 그린 모양이에요.
넷에 넷을 더하여 여덟이 돼요.

풀이말 풀이말을 큰 소리로 읽으며 획을 따라 쓰세요.

따라 써 봐!

풀이말　검지와　　　　엄지를 편　　　　일곱 칠　　　　일곱 ☐

풀이말　왼 손가락 넷　　오른 손가락 넷　여덟 팔　　　　여덟 ☐

 **물방울 한자** 물방울 ◯ 에 가려진 한자를 필순에 맞게 쓰고, 빈칸에 훈과 음을 쓰세요.

검지와 엄지를 편
모양의 한자는?

일곱 ☐

☐ 칠 일곱 ☐ ☐ 칠 일곱 ☐

총 2획　一　七

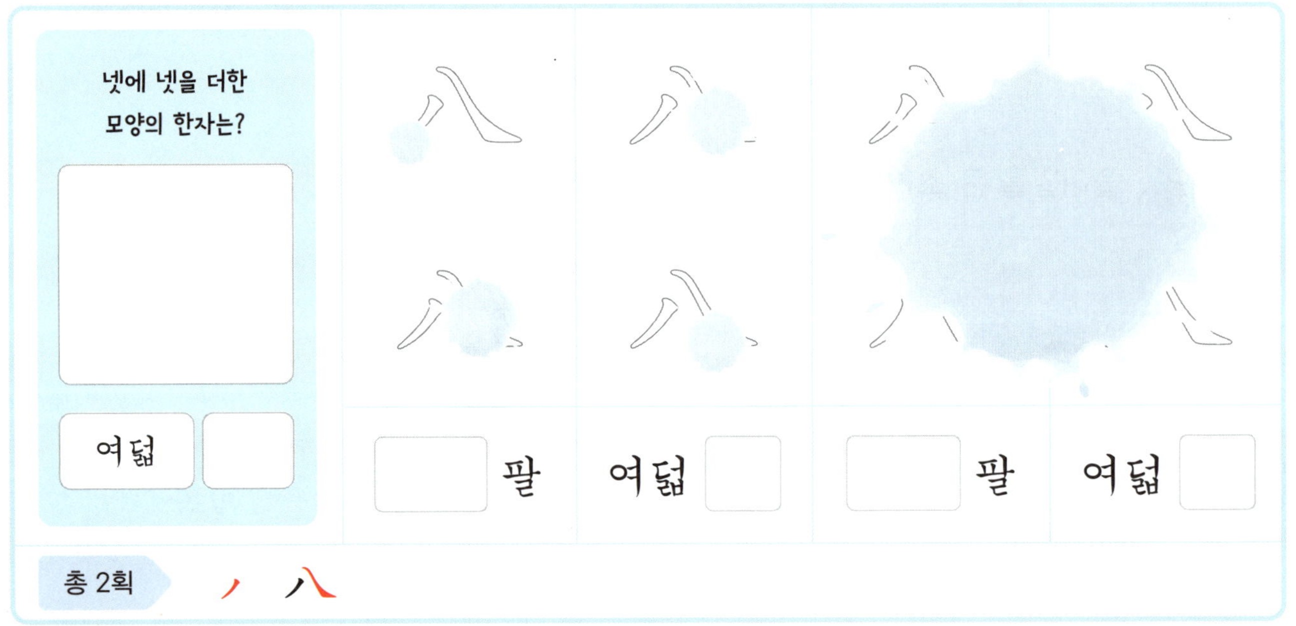

넷에 넷을 더한
모양의 한자는?

여덟 ☐

☐ 팔 여덟 ☐ ☐ 팔 여덟 ☐

총 2획　丿　八

 **한자 어휘** 한자의 음을 쓰세요.

❶ 견우직녀 만나는 **七**월 **七**석 

❷ 우리나라 여덟 도읍 **八**도 

❸ 일곱 개의 조각 판 **七**교판 

❹ 추석 음력 **八**월 보름 

어휘 활용 문장을 소리 내어 읽고 한자의 음을 쓰세요.

수학 2
1 七교 조각 중 크기가 가장 큰 조각은 三각형이야.

☐교
☐각형

2 八月 15日은 광복절입니다.

15

3 북두七성은 큰곰자리에서 가장 뚜렷한 일곱 개의 별입니다.

북두 ☐ 성

4 추석은 음력 八월 보름이고 한가위라고도 합니다.

☐월

밑줄 친 말에 해당하는 한자를 <보기>에서 찾아 그 번호를 쓰세요.

<보기>   ① 五   ② 七   ③ 八

1. 철수는 깃발에 여덟 개의 별을 그렸습니다. ________

2. 일곱 난쟁이들이 올망졸망 따라 나왔습니다. ________

3. 친구와 함께 다섯 고개 놀이를 해봅시다. ________

11 열 손가락에서 하나 구부려 아홉 九, 열 손가락 열 十

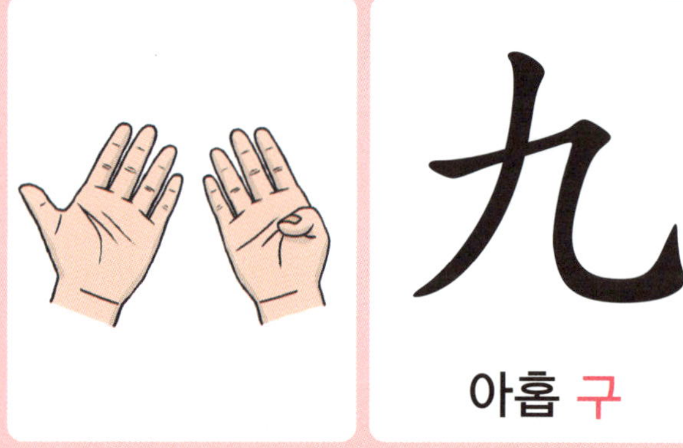

아홉 구

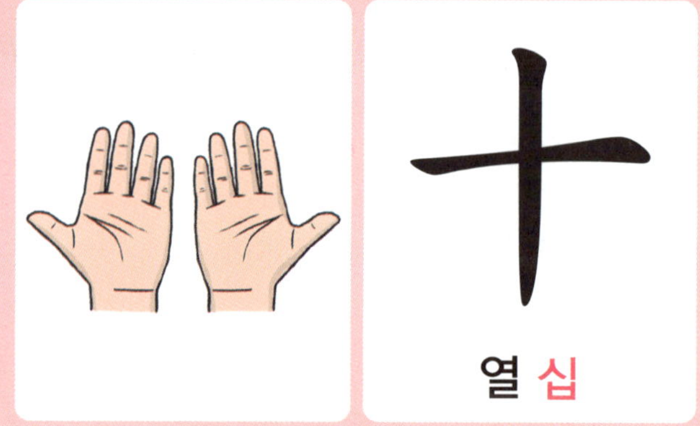

열 십

'아홉 구'는 손가락 하나를 구부린 모양이에요.
열 손가락에서 하나를 구부려 아홉이에요.

'열 십'은 손가락 열 개를 모두 편
모양이에요.

풀이말 풀이말을 큰 소리로 읽으며 획을 따라 쓰세요.

따라 써 봐!

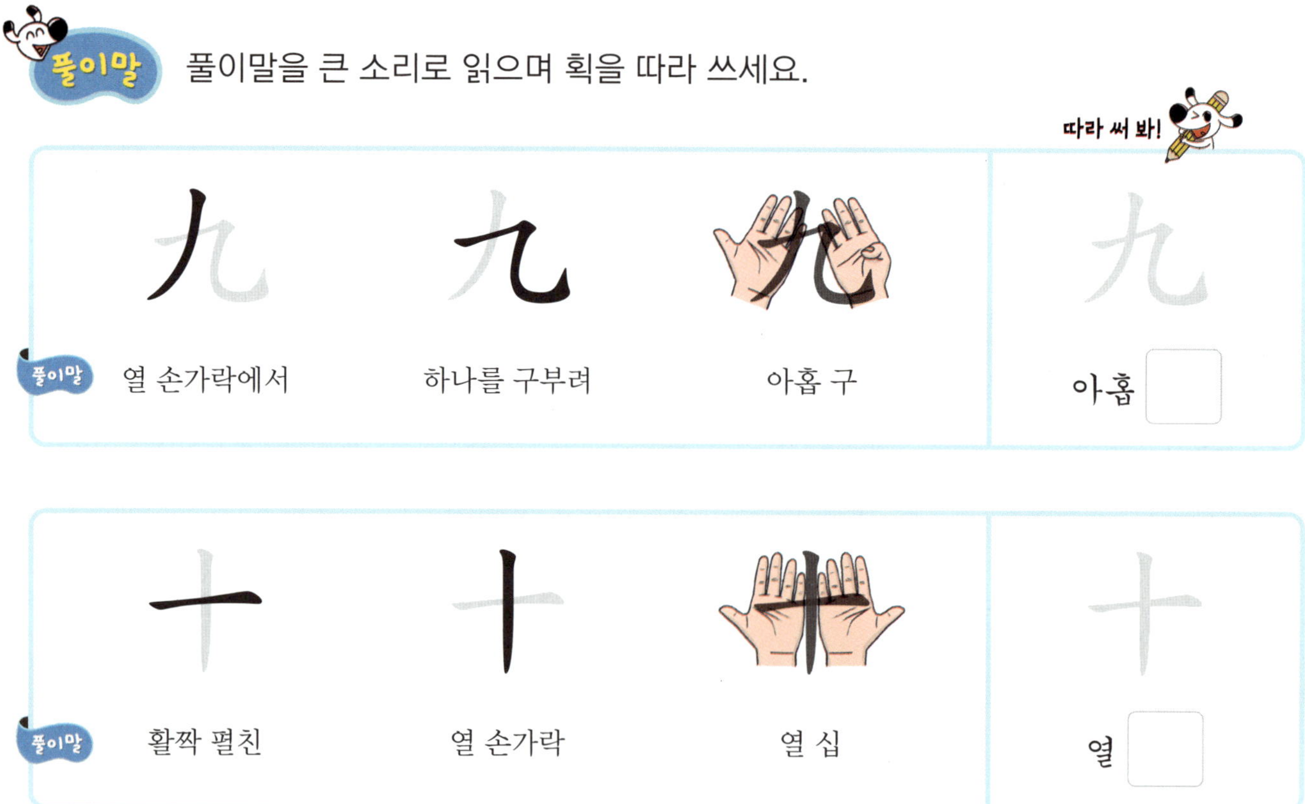

풀이말 열 손가락에서　　하나를 구부려　　아홉 구　　아홉 [　]

풀이말 활짝 펼친　　열 손가락　　열 십　　열 [　]

도움말 十(열 십)은 대부분 '십'으로 읽지만 十月은 '십월'이 아니라 '시월'로 읽어요. ◑ 十月(시월), 十日(십일), 十一月(십일월), 九十(구십)

물방울 한자　물방울 ● 에 가려진 한자를 필순에 맞게 쓰고, 빈칸에 훈과 음을 쓰세요.

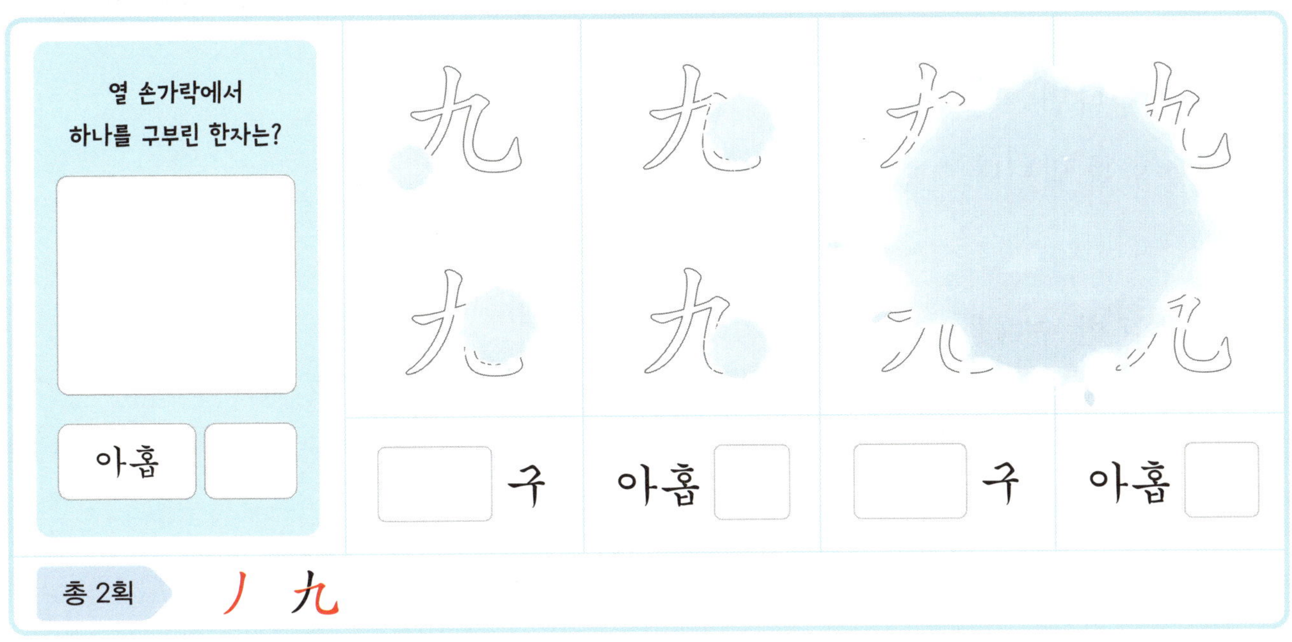

한자 어휘　한자의 음을 쓰세요.

❶ 불이 나면 **일일九**

❷ 꼬리가 아홉인 **九미호**

❸ 열 가운데 여덟이나 아홉 **十중팔九**

한자의 음을 써 봐!

1 불이 나면 一一九로 전화를 합니다.

2 우리 반 수다쟁이 얘기는 十중팔九 뜬소문입니다.

	중팔

3 언니가 二학년이 되어서 곱셈九九를 외웁니다.

	학년
곱셈	

4 (수학 2) 323에서 2는 十의 자리 숫자이고 二十을 나타냅니다.

	의 자리

밑줄 친 말에 해당하는 한자를 <보기>에서 찾아 그 번호를 쓰세요.

<보기>   ① 八   ② 九   ③ 十

1. 한 줄기에 조로롱 매달린 은방울 <u>열</u> 개. ______

2. 구미호는 꼬리가 <u>아홉</u> 개 달린 여우입니다. ______

3. 내 아우는 아침 <u>여덟</u> 시에 일어납니다. ______

정답 **1** 일, 일, 구 **2** 십, 구 **3** 이, 구, 구 **4** 십, 이, 십 | 1.③ 2.② 3.①

12 07~11과 복습하기

 빈칸에 알맞은 한자와 훈음을 쓰세요.

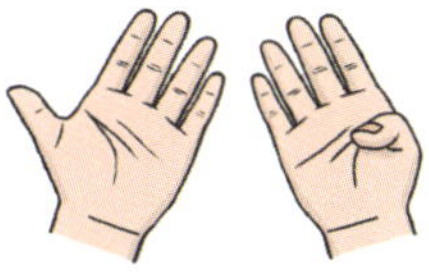

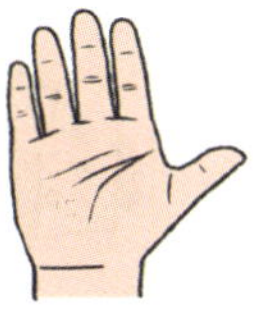

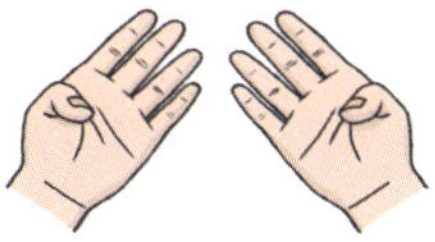

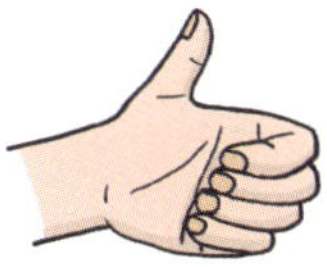

	九		八	
두 이		다섯 오		여섯 륙
	十	六		四
일곱 칠			한 일	
	五			七
아홉 구	석 삼		넉 사	

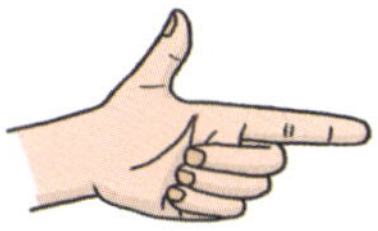

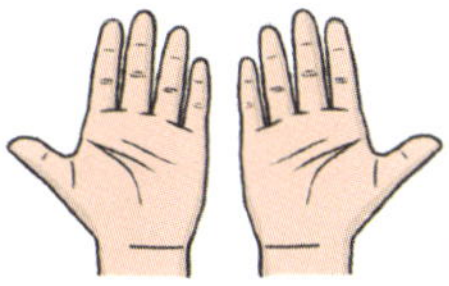

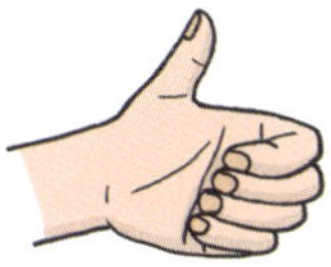

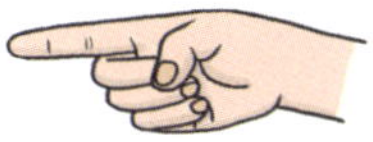

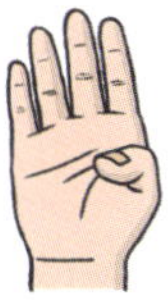

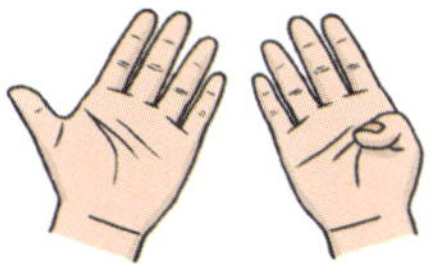

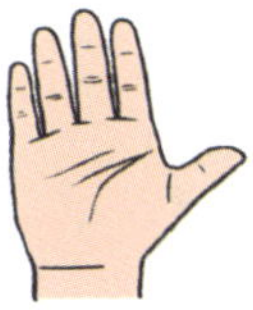

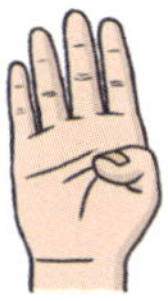

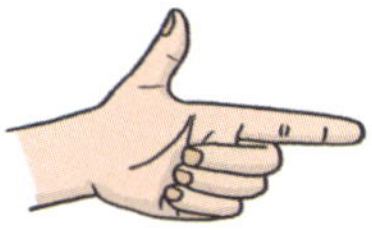

💡 빈칸에 알맞은 한자를 〈보기〉에서 찾아 쓰세요.

〈보기〉　一　二　三　四　五　六　七　八　九　十

① 우리 집은 203호　　　층입니다. 

② 추석은 음력　　　월 보름입니다.

③ 변이 5개인 도형을　　　각형이라고 합니다. 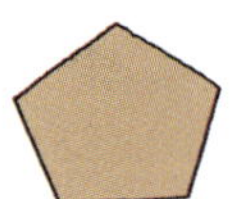

④ 언니가 2학년이 되어서 곱셈　　　　　　를 외웁니다.

⑤ 부모님과 함께 외　　　촌, 외숙모님을 뵈러 갔습니다. 

⑥ 벌집은 동그랗다가 점점　　　각형으로 변합니다.

⑦　　　방은 동서남북을 가리킵니다.

⑧ 우리 반 수다쟁이 얘기는　　　중팔　　　뜬소문입니다.

⑨　　　월　　　일은 우리나라의 독립을 선언한 날입니다.

⑩ 북두　　　성은 일곱 개의 별입니다. 

8급 급수 시험 예상 문제

맞힌 개수 / 15 개

[1~3] 다음 ( ) 안에 있는 한자의 독음(讀音: 읽는 소리)을 쓰세요.

1. (五)형제 __________

2. (四)거리 __________

3. (七)위 __________

[4~6] 다음 훈(訓: 뜻)이나 음(音: 소리)에 알맞은 한자를 〈보기〉에서 찾아 그 번호를 쓰세요.

〈보기〉 ① 五   ② 七   ③ 九

4. 구 __________

5. 일곱 __________

6. 다섯 __________

[7~9] 다음 밑줄 친 말에 해당하는 한자를 〈보기〉에서 찾아 그 번호를 쓰세요.

〈보기〉 ① 三   ② 二   ③ 六

7. 내 동생은 여섯 살입니다. __________

8. 일곱에서 셋을 빼면 얼마입니까? __________

9. 두 밤만 지나면 설날입니다. __________

[10~13] 다음 한자의 훈(訓: 뜻)과 음(音: 소리)을 쓰세요.

〈보기〉 天 → 하늘 천

10. 八 __________
11. 十 __________
12. 一 __________
13. 九 __________

[14~15] 다음 한자의 진하게 표시한 획은 몇 번째 쓰는지 〈보기〉에서 찾아 그 번호를 쓰세요.

〈보기〉
① 첫 번째   ② 두 번째
③ 세 번째   ④ 네 번째
⑤ 다섯 번째   ⑥ 여섯 번째
⑦ 일곱 번째   ⑧ 여덟 번째
⑨ 아홉 번째   ⑩ 열 번째

14.    15. 

____

13 나무에 해 뜨는 동녘 東, 새가 둥지에서 쉬는 서녘 西

동녘 동

서녘 서

'동녘 동'은 나무에 해가 떠오르는 모양이에요.

'서녘 서'는 새가 다리를 접고 둥지에 앉은 모양이에요. 해가 서쪽으로 지면 새들도 쉬니까요.

 풀이말을 큰 소리로 읽으며 획을 따라 쓰세요.

따라 써 봐!

 풀이말

| 나뭇가지 아래 | 해가 떠올라 | 줄기와 뿌리를 비추는 | 동녘 동 | 동녘 |

 풀이말

| 새가 둥지에 | 다리를 접고 쉬는 | 서녘 서 | 서녘 |

 **물방울 한자** 물방울 에 가려진 한자를 필순에 맞게 쓰고, 빈칸에 훈과 음을 쓰세요.

나무에 해가 떠오르는 모양의 한자는?

동녘

총 8획

| □ 동 | 동녘 □ | □ 동 | 동녘 □ |

새가 둥지에 다리를 접고 쉬는 한자는?

서녘

총 6획

| □ 서 | 서녘 □ | □ 서 | 서녘 □ |

 **한자 어휘** 한자의 음을 쓰세요.

① 동쪽의 큰 문 **東**대문 

② 서쪽에서 오는 바람 **西**풍 

③ 한반도의 동쪽 바다 **東**해

④ 서쪽의 큰 바다 대**西**양

문장을 소리 내어 읽고 한자의 음을 쓰세요.

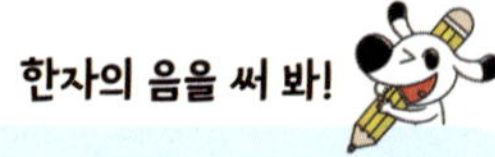

1 해는 **東**쪽에서 뜨고
    西쪽으로 집니다.

☐ 쪽
☐ 쪽

2 독도는 우리나라
    東쪽 끝에 위치한 섬입니다.

☐ 쪽

3 유럽과 남북아메리카의
    여러 나라를 **西**양이라고 합니다.

☐ 양

4 우리나라 보물 1호는 **東**대문이고
    국보 1호는 남대문입니다.

☐ 대문 

밑줄 친 말에 해당하는 한자를 <보기>에서 찾아 그 번호를 쓰세요.

<보기>   ① 九   ② 東   ③ 西

1. 서쪽 창문으로 푸른 바다가 보입니다. ________

2. 일곱 빛깔 무지개가 동녘 하늘에 보입니다. ________

3. 아홉 고개를 넘으니 마을이 보입니다. ________

정답 **1** 동, 서 **2** 동 **3** 서 **4** 동 | 1.③ 2.② 3.①

14 나뭇가지에 새잎이 돋는 남녘 南, 서로 등진 북녘 北

남녘 남

북녘 북

'남녘 남'은 나뭇가지가 자라고 새잎이 돋아나는 모양이에요. 햇볕을 받아 나무가 잘 자라나는 남쪽을 나타내요.

'북녘 북'은 두 사람이 서로 등을 돌리고 앉은 모양이에요. 서로 등지듯 해를 등진 북쪽을 나타내요.

 풀이말을 큰 소리로 읽으며 획을 따라 쓰세요.

따라 써 봐!

南	南	南	南
나뭇가지 잘 자라고	새잎 돋아나는	남녘 남	남녘

北	北	北		北
몸 세워	앉고	팔 내밀고 앉은	북녘 북	북녘

 北(북녘 북)은 서로 등지고 달아나는 모습에서 '달아날 배'의 뜻도 있어요. ➡ 敗北(패배): 敗패할 패 北달아날 배

물방울  에 가려진 한자를 필순에 맞게 쓰고, 빈칸에 훈과 음을 쓰세요.

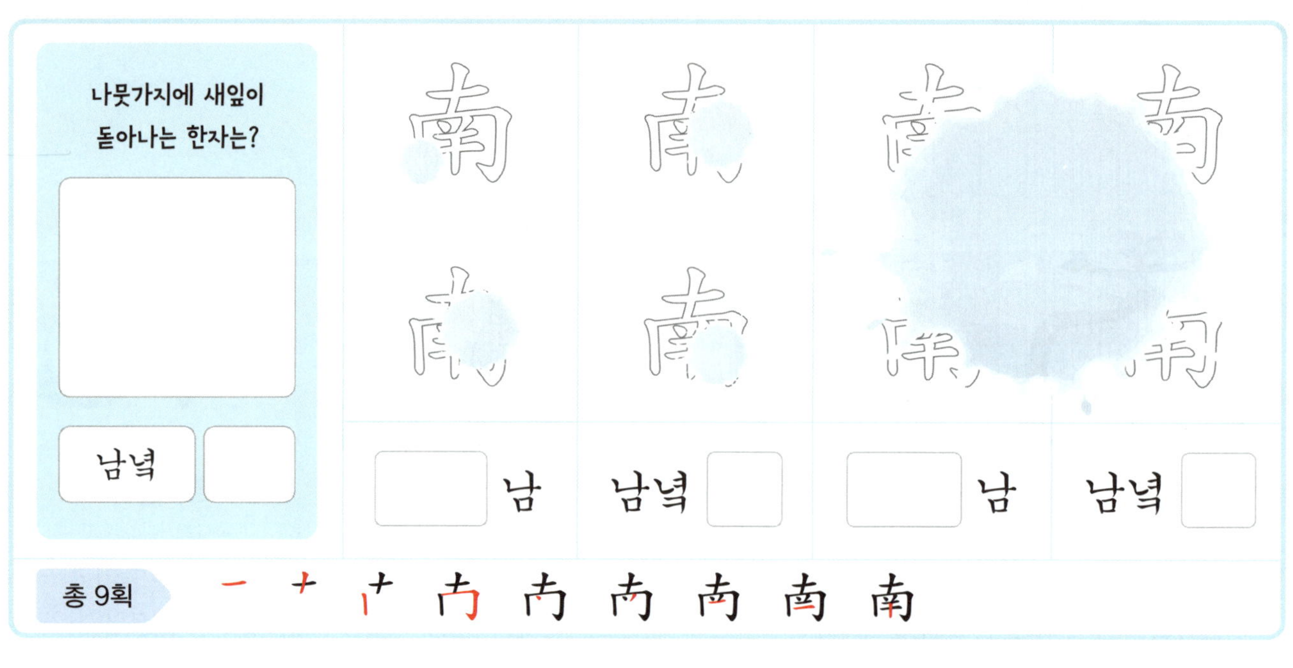

한자 어휘 한자의 음을 쓰세요.

❶ 남쪽에 있는 **南**산

❷ 지구 북쪽 끝 **北**극

❸ 한강의 남쪽 강**南**

❹ 대한민국의 휴전선 북쪽 지역 **北**한

문장을 소리 내어 읽고 한자의 음을 쓰세요.

인물 2

1. 南쪽으로 간 신하들은
숭례문 밖으로 나가 보았어요.

☐ 쪽

2. 北극에는 곰이 살고
南극에는 펭귄이 삽니다.

☐ 극
☐ 극

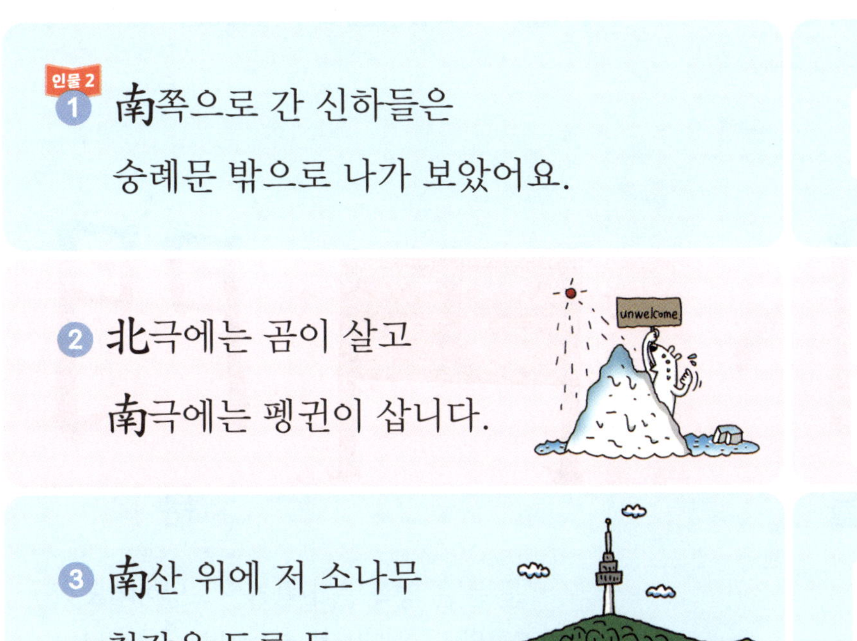

3. 南산 위에 저 소나무
철갑을 두른 듯.

☐ 산

우리나라 1

4. 통일 전망대에 왔어요.
北한 땅이 가까워서 잘 보여요.

☐ 한

밑줄 친 말에 해당하는 한자를 <보기>에서 찾아 그 번호를 쓰세요.

<보기> ① 西   ② 南   ③ 北

1. 남쪽으로 나무가 무성하게 자랐습니다. ________

2. 한 마리 작은 새가 서쪽으로 날아갑니다. ________

3. 임진각에 올라 북녘 하늘을 바라보았습니다. ________

15 작은 콩을 나눈 작을 小, 양쪽에 문이 있는 문 門

작을 소

'작을 소'는 칼을 내리쳐
작은 콩을 나누는 모양이에요.

문 문

'문 문'은 양쪽 문과 문기둥 모양이에요.
요즘엔 문이 대부분 하나지만 궁궐이나
한옥 마을에는 두짝문이 많아요.

풀이말 풀이말을 큰 소리로 읽으며 획을 따라 쓰세요.

따라 써 봐!

풀이말 칼을 내리쳐 　 콩을 나누니 　 작을 소 　 작을 [　]

풀이말 왼쪽 문 　 오른쪽 문 　 문 문 　 문 [　]

도움말 小(작을 소)의 가운데 亅은 끝을 살짝 삐쳐 올려 갈고리 모양으로 써요. 門(문 문)을 쓸 때, '日'을 두 번 쓰면서 양쪽을 길게 늘여 문기둥을 만들고 오른쪽은 갈고리 모양으로 써요.

물방울 ● 에 가려진 한자를 필순에 맞게 쓰고, 빈칸에 훈과 음을 쓰세요.

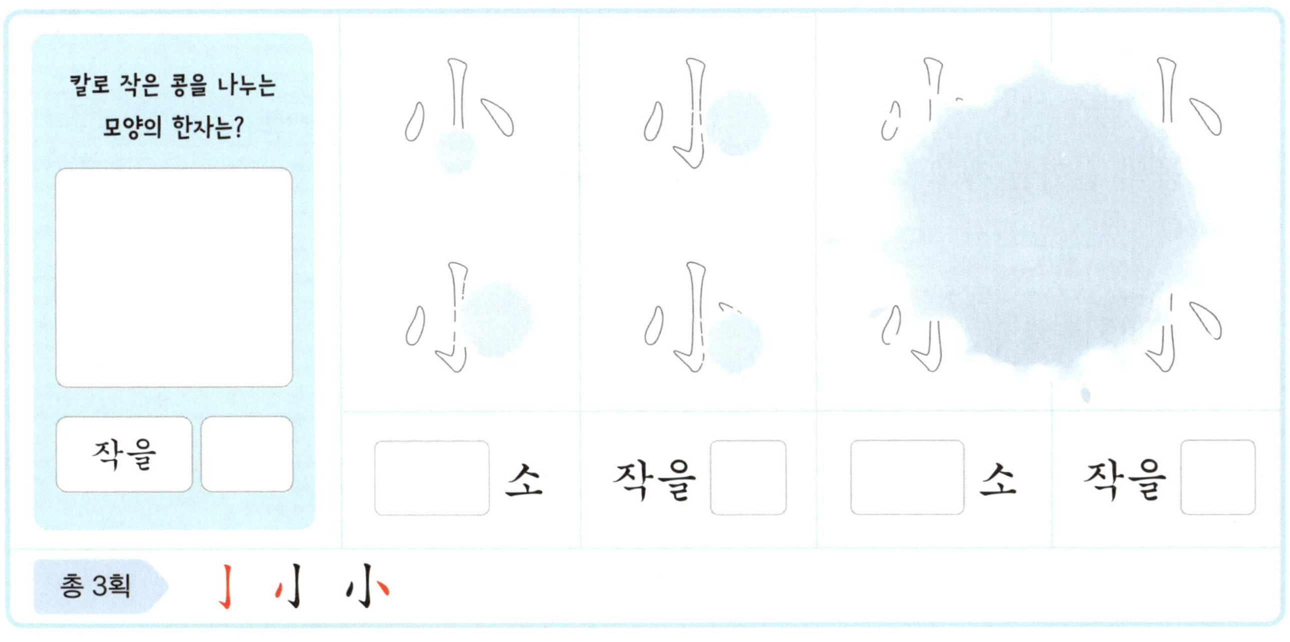

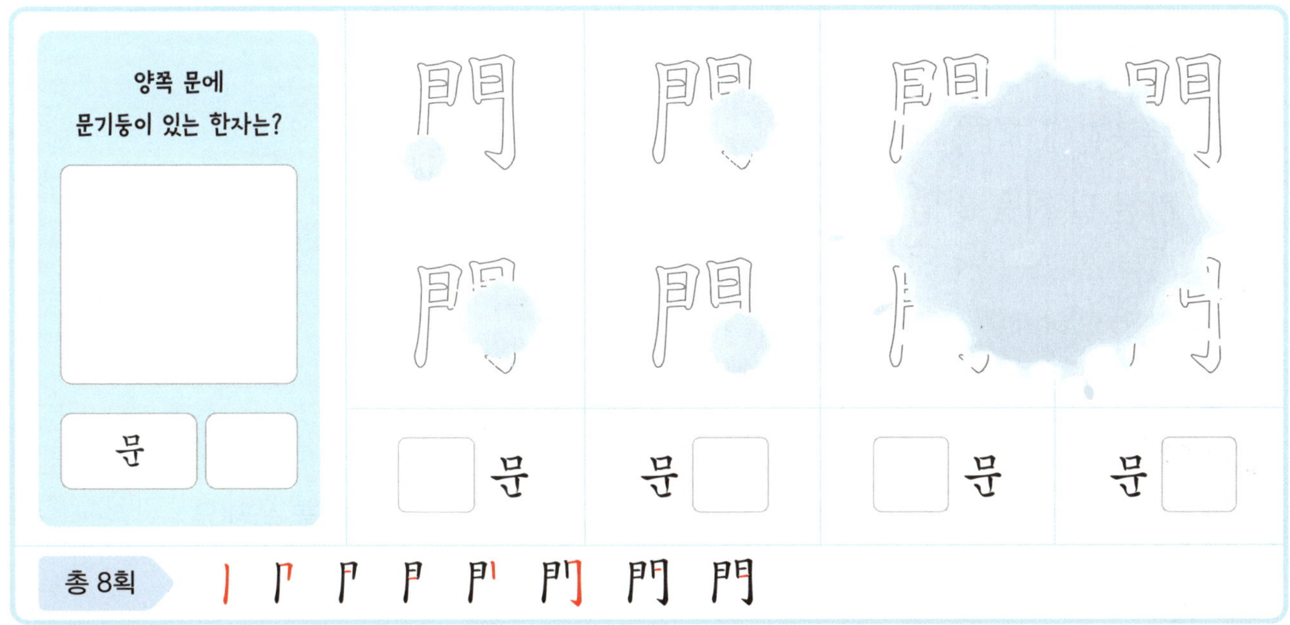

한자의 음을 쓰세요.

❶ 꾸며 낸 이야기 **小**설

❷ 학교를 드나드는 문 교**門**

❸ 난쟁이만 사는 나라 **小**인국

❹ 밖을 내다보는 문 창**門**

문장을 소리 내어 읽고 한자의 음을 쓰세요.

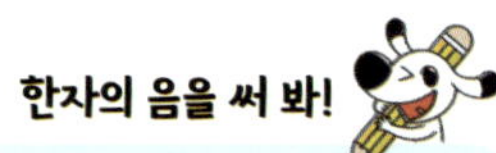

1 小 인국 사람들이 걸리버의
몸의 길이를 재고 있어요.

☐ 인국

국어 1
2 창 門에 재채기했다.
창문 감기 들었다.

창 ☐

3 도서관에서 나는 동화책을,
형은 小설책을 읽었습니다.

☐ 설 책

국어 2
4 등굣길에 교門 앞에서
바른 말 사용 알림 활동을 합니다.

교 ☐

밑줄 친 말에 해당하는 한자를 〈보기〉에서 찾아 그 번호를 쓰세요.

〈보기〉 ① 北   ② 小   ③ 門

1. 바위 문 앞에서 '열려라 참깨!'라고 외쳤습니다. ________

2. 그것은 아주 작은 풀꽃이었습니다. ________

3. 휴전선 너머 북녘 하늘을 바라보았습니다. ________

정답 **1** 소 **2** 문 **3** 소 **4** 문 ㅣ 1. ③ 2. ② 3. ①

16 산봉우리 셋 메 山, 성 가운데 깃발 가운데 中

메 산

'메 산'은 세 개의 산봉우리를 그린
모양이에요. 여기서 '메'는 산의 옛말이에요.

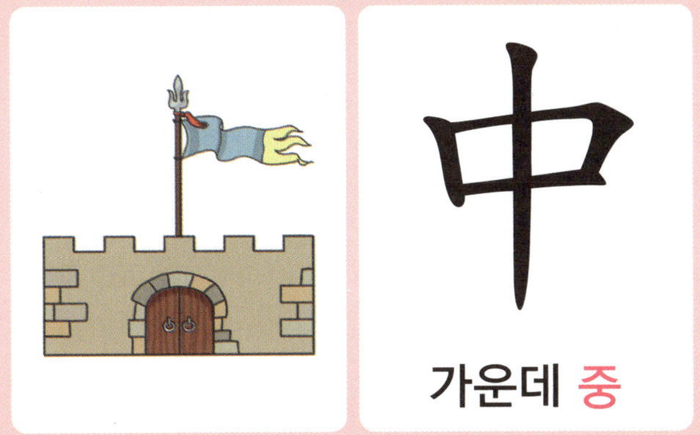

가운데 중

'가운데 중'은 성의 한가운데
깃발을 꽂은 모양이에요.

풀이말 풀이말을 큰 소리로 읽으며 획을 따라 쓰세요.

따라 써 봐!

풀이말	가운데 봉우리와	양쪽 봉우리가 있는	메 산	메
풀이말	성 한가운데에	깃발을 꽂은	가운데 중	가운데

도움말 山(메 산)은 가운데 가장 높은 산봉우리부터 써요. 中(가운데 중)은 한글 ㅁ(미음)을 쓰는 순서대로 쓰며, ㅣ은 글
자의 한가운데를 뚫고 지나가므로 마지막에 써요.

 **물방울 한자**   물방울 에 가려진 한자를 필순에 맞게 쓰고, 빈칸에 훈과 음을 쓰세요.

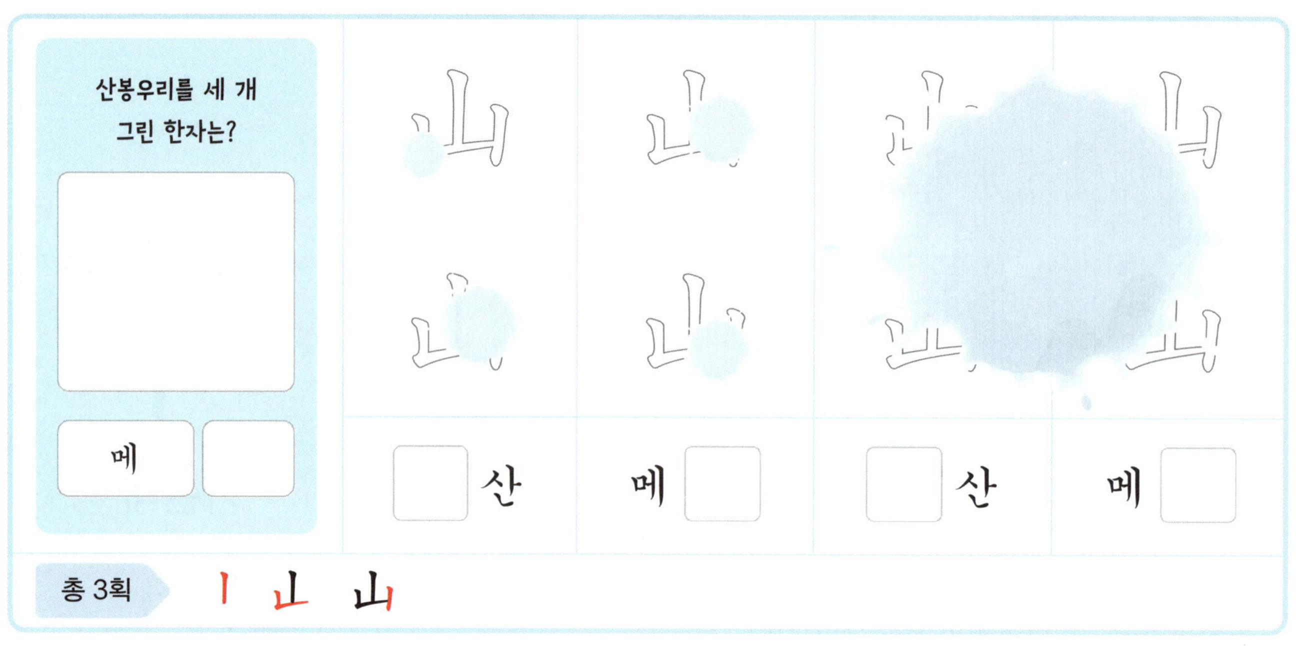

 **한자 어휘**   한자의 음을 쓰세요.

① 땅 속에서 불길이 솟는 **화山** 

② 한가운데 **中앙**

③ 산에 올라 야호~ **등山** 

④ 형이 다니는 **中학교**

① 東쪽으로 가면 우리 학교와
中학교가 나란히 보입니다.

☐ 쪽

☐ 학교

② 나는 이번 土요日에 부모님과
함께 등山을 할 예정입니다.

☐ 요

등 ☐

③ 교長 선생님이 무대의
中앙으로 나오셨습니다.

교 ☐ 선생님

☐ 앙

④ 한라산의 백록담은 火山
분출로 만들어졌습니다.

☐ ☐

밑줄 친 말에 해당하는 한자를 〈보기〉에서 찾아 그 번호를 쓰세요.

〈보기〉 ① 小   ② 山   ③ 中

1. 하늘 한가운데 흰 구름이 떠 있습니다. ________

2. 깊은 산속에 무서운 호랑이가 살았습니다. ________

3. 작고 가벼운 먹이는 혼자 나릅니다. ________

17 푸른 풀이 우물 속에 푸를 靑, 반짝이는 해 흰 白

푸를 청

흰 백

'푸를 청'은 풀이 우물에 빠진 모양이에요.
푸른 잎이 달린 풀은
물 속에서 더 푸르게 보여요.

'흰 백'은 반짝이는 해 모양이에요.
반짝반짝 흰 빛을 해(日) 위쪽에 그렸어요.

풀이말 풀이말을 큰 소리로 읽으며 획을 따라 쓰세요.

따라 써 봐!

풀이말 푸른 잎이 달린 / 줄기가 / 우물에 빠진 / 푸를 청 / 푸를 □

풀이말 흰 빛이 / 해에서 나오는 / 흰 백 / 흰 □

 **물방울 한자** 물방울 ⬤ 에 가려진 한자를 필순에 맞게 쓰고, 빈칸에 훈과 음을 쓰세요.

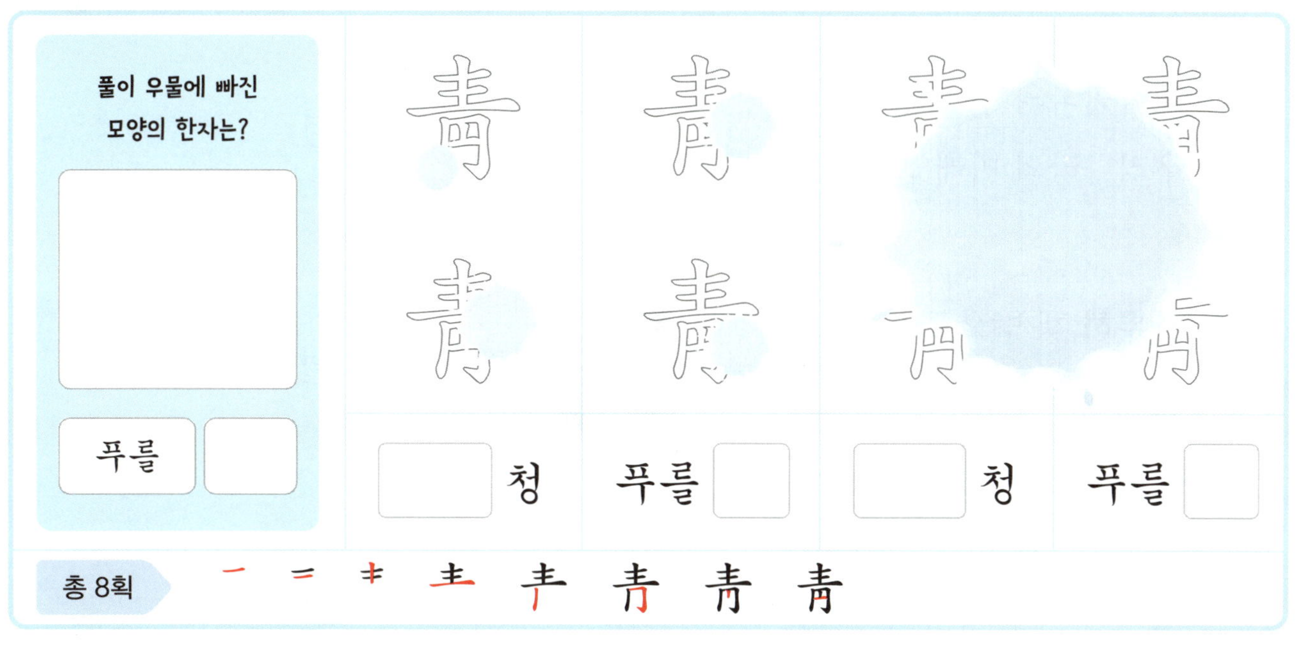

풀이 우물에 빠진 모양의 한자는?

푸를 |

| □ 청 | 푸를 □ | □ 청 | 푸를 □ |

총 8획   一 二 丰 圭 丰 青 青 青

해에서 흰 빛이 나오는 한자는?

흰 |

| □ 백 | 흰 □ | □ 백 | 흰 □ |

총 5획   丿 亻 白 白 白

 **한자 어휘** 한자의 음을 쓰세요.

① 푸른 산 **青**산 □

② 털이 하얀 말 **白**마 □

③ 젊은 사람 **青**년 □

④ 흰 눈 같은 공주 **白**설공주 □

한자의 음을 써 봐!

1. 대한민국의 **靑**년들은
우리나라의 미래입니다.

☐ 년

2. 사뿐히 책 밖으로 나오는데
白설공주인 거예요.

설공주

3. 나비야, **靑**산 가자.
범나비 너도 가자.

☐ 산

4. **靑**군 이겨라!
白군 이겨라!

군
군

밑줄 친 말에 해당하는 한자를 <보기>에서 찾아 그 번호를 쓰세요.

<보기>　　① 山　　② 靑　　③ 白

1. 푸른 하늘에 뭉게구름이 떠 있습니다. ________

2. "어흥" 울면 산이 쩌렁쩌렁 울렸습니다. ________

3. 추운 외양간에 하얀 달빛이 비치었습니다. ________

18 13~17과 복습하기

빈칸에 알맞은 한자와 훈음을 쓰세요.

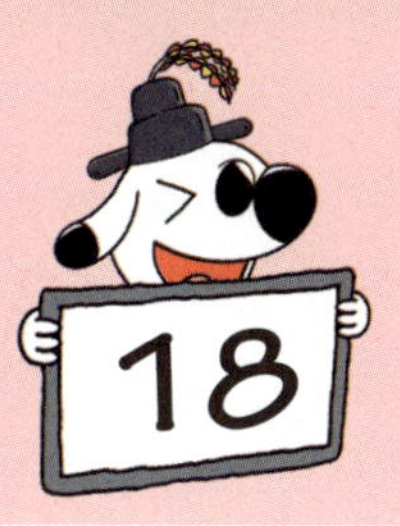

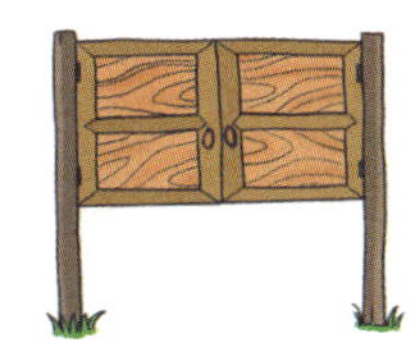

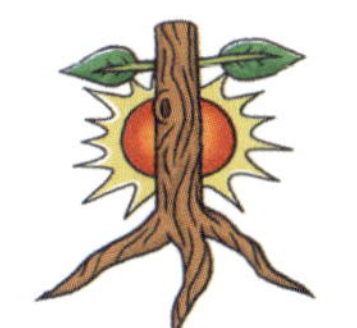

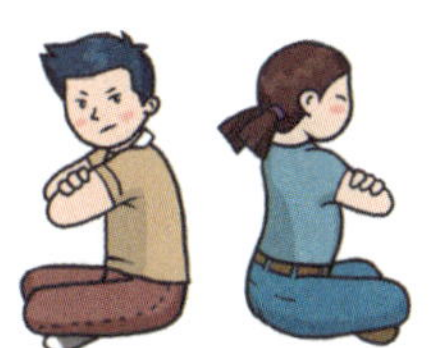

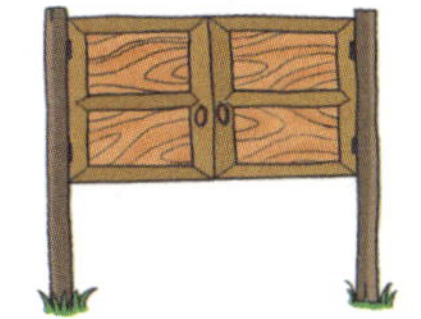

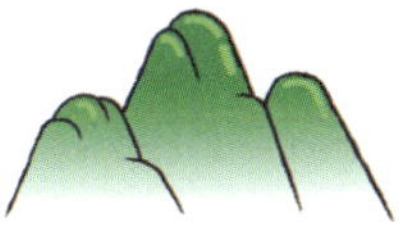		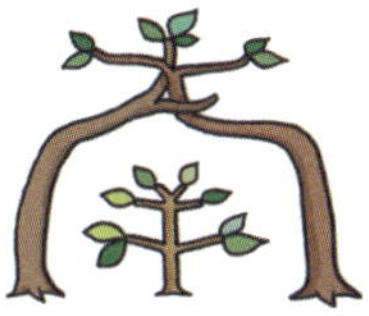	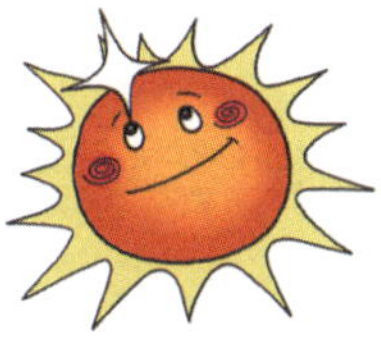	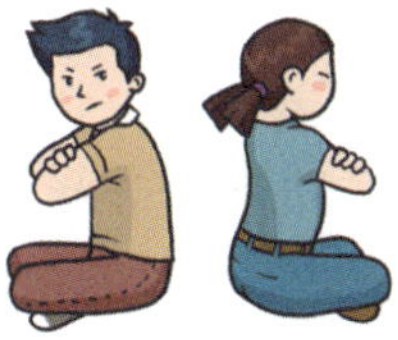
山	門		白	北
		남녘 남		
	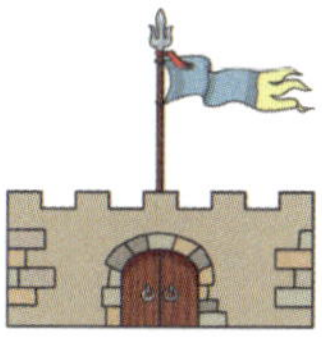		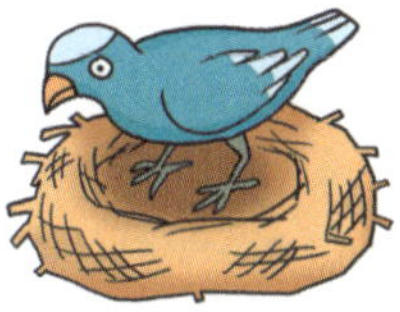	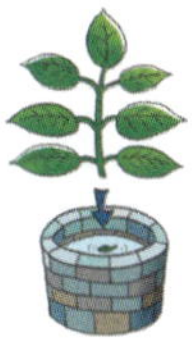
	中		西	青
동녘 동		북녘 북		
	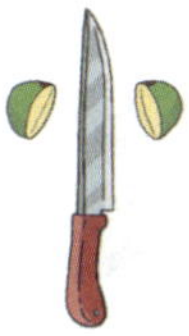	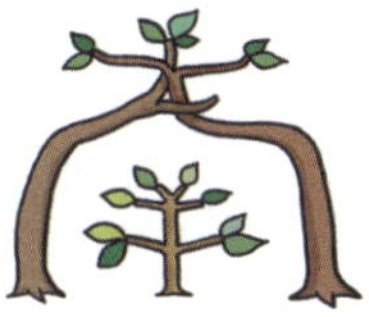	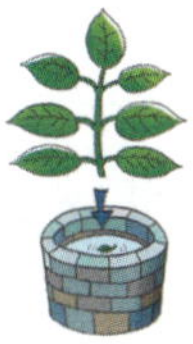	
	小	南		東
문 문			푸를 청	

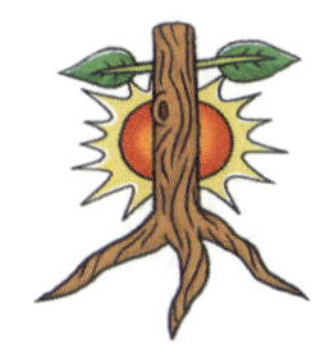

<보기> 東 西 南 北 小 門 山 中 靑 白

1 ☐ 인국 사람들이 걸리버의 몸 길이를 재고 있어요.

2 해는 ☐ 쪽에서 뜨고 ☐ 쪽으로 집니다.

3 ☐ 극에는 펭귄이, ☐ 극에는 곰이 삽니다.

4 등굣길에 교 ☐ 앞에서 바른 말 사용 알림 활동을 합니다.

5 선생님이 무대의 ☐ 앙으로 나오셨습니다.

6 백록담은 화 ☐ 분출로 만들어졌습니다.

7 ☐ 군 이겨라! 백군 이겨라!

8 책 밖으로 나오는데 ☐ 설공주인 거예요.

9 우리 민족은 ☐ 한과 ☐ 한으로 갈라졌습니다.

10 우리나라 보물 1호는 ☐ 대문입니다.

맞힌 개수

/15 개

[1~3] 다음 ( ) 안에 있는 한자의 독음(讀音: 읽는 소리)을 쓰세요.

1. (北)쪽 하늘　　　　　________

2. (靑)년　　　　　________

3. (東)대문　　　　　________

[4~6] 다음 훈(訓: 뜻)이나 음(音: 소리)에 알맞은 한자를 〈보기〉에서 찾아 그 번호를 쓰세요.

〈보기〉　① 北　　② 東　　③ 南

4. 남녘　　　　　________

5. 북녘 / 달아나다　　　　　________

6. 동　　　　　________

[7~9] 다음 밑줄 친 말에 해당하는 한자를 〈보기〉에서 찾아 그 번호를 쓰세요.

〈보기〉　① 小　　② 山　　③ 門

7. 아홉 개의 문을 지났습니다.

____

8. 작은 배가 떠갑니다.

____

9. 산을 넘고 물을 건넜습니다.

____

[10~13] 다음 한자의 훈(訓: 뜻)과 음(音: 소리)을 쓰세요.

〈보기〉　天　→　하늘 천

10. 白　　　　　________

11. 中　　　　　________

12. 靑　　　　　________

13. 西　　　　　________

[14~15] 다음 한자의 진하게 표시한 획은 몇 번째 쓰는지 〈보기〉에서 찾아 그 번호를 쓰세요.

〈보기〉
① 첫 번째　　② 두 번째
③ 세 번째　　④ 네 번째
⑤ 다섯 번째　　⑥ 여섯 번째
⑦ 일곱 번째　　⑧ 여덟 번째
⑨ 아홉 번째　　⑩ 열 번째

14. 　　15. 

____

19 돌도끼를 든 아비 父, 젖 먹이는 어미 母

아비 부

어미 모

'아비 부'는 돌도끼를 든 아버지의 손 모양이에요. 돌도끼로 산토끼나 멧돼지를 잡는 아버지를 나타내요.

'어미 모'는 다소곳이 앉아 아이에게 젖을 먹이는 어머니의 모습이에요.

풀이말 풀이말을 큰 소리로 읽으며 획을 따라 쓰세요.

따라 써 봐!

풀이말

父	父		父
돌도끼를	손에 쥔	아비 부	아비

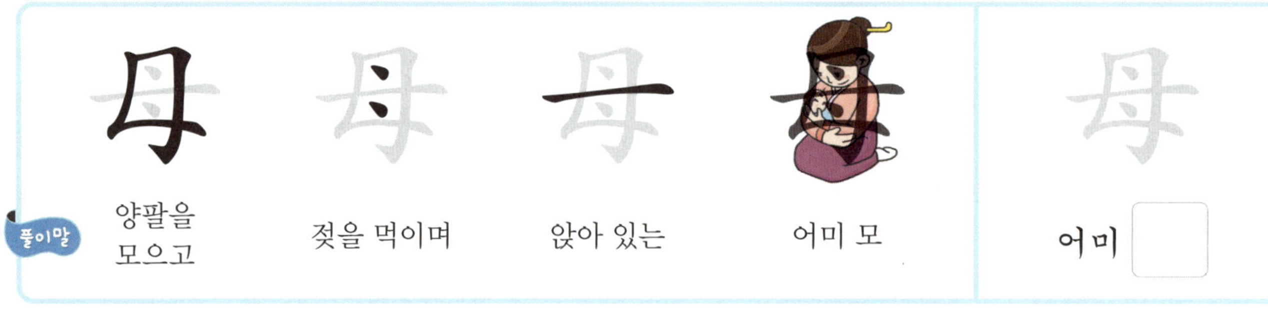

풀이말

母	母	母		母
양팔을 모으고	젖을 먹이며	앉아 있는	어미 모	어미

도움말 父(아비 부)의 아래 乂을 쓸 때, 오른쪽 ノ을 먼저 쓰고 왼쪽 丶을 나중에 써요. 母(어미 모)는 네모 모양 먼저 그리고 두 점을 찍어요. ㅡ은 글자의 가운데를 꿰뚫고 지나가므로 가장 나중에 그어요.

 **물방울 한자** 물방울 에 가려진 한자를 필순에 맞게 쓰고, 빈칸에 훈과 음을 쓰세요.

 **한자 어휘** 한자의 음을 쓰세요.

① 아버지와 어머니 **父**모　　　　② 어머니와 딸 **母**녀

③ 아버지와 아들 **父**자　　　　④ 낳아주신 어머니 생**母**

문장을 소리 내어 읽고 한자의 음을 쓰세요.

1 父자 간에 정이 두터워
모두 부러워했습니다.

☐ 자

2 심청의 生母는 딸을 낳은 지
7일 만에 죽고 맙니다.

3 오랜만에 만난 母녀는 밤늦도록
이야기를 나누었습니다.

☐ 녀

4 父母님은 달리는 동생의
모습을 사진기로 찍었습니다.

님

밑줄 친 말에 해당하는 한자를 <보기>에서 찾아 그 번호를 쓰세요.

<보기>　　① 白　　② 父　　③ 母

1. 아버지께서 볶음밥을 만들어 주셨습니다. ________

2. 병아리가 줄을 지어 어미를 따라갑니다. ________

3. 눈이 내려 산과 들이 하얗게 되었습니다. ________

정답　① 부　② 생,모　③ 모　④ 부,모　｜　1.②　2.③　3.①

20

입 벌리고 앉은 형 兄, 몸 구부려 절하는 아우 弟

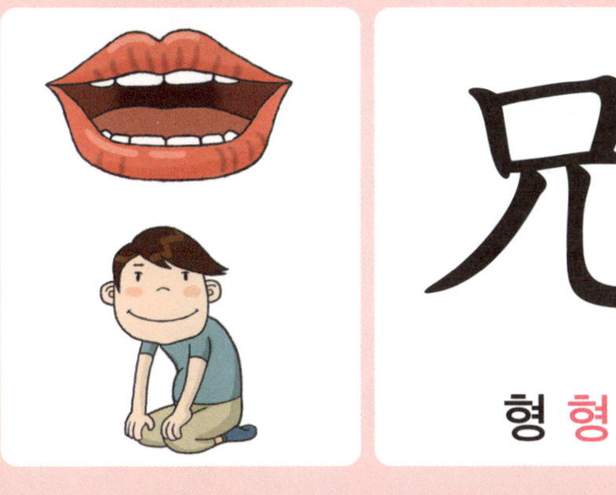

형 형

'형 형'은 입 벌리고 앉은 모양이에요.
제사 지낼 때 입을 벌려
하늘에 고하는 형이에요.

아우 제

'아우 제'는 두 손을 모으고
몸을 구부려 절하는 모양이에요.
윗사람에게 절하는 아우예요.

풀이말 풀이말을 큰 소리로 읽으며 획을 따라 쓰세요.

따라 써 봐!

풀이말 입 벌리고　　　　앉은　　　　형 형　　　　형 ☐

풀이말 두 손 모아　　몸 구부려 절하고　　일어나는　　아우 제　　아우 ☐

도움말 弟(아우 제)에서 弓은 한글 ㄹ(리을)처럼 쓰고, 마지막에 아래로 길게 내려 써요.

물방울 한자 물방울 ◯ 에 가려진 한자를 필순에 맞게 쓰고, 빈칸에 훈과 음을 쓰세요.

 **한자 어휘** 한자의 음을 쓰세요.

1 형과 아우 **兄**제 

2 가르침을 받은 **弟**자

3 누나의 남편 매**兄** 

4 스승과 제자 사**弟**

한자의 음을 써 봐!

1. 지난 **日**요**日**에 누나와 함께 매**兄**이 왔습니다.

요
매

국어 2
2. 옛날 어느 마을에 우애가 깊은 **兄弟**가 살고 있었습니다.

3. 스승의 가르침을 따르는 것이 **弟**자의 당연한 도리입니다.

자

4. 스승의 날은 사**弟**지간의 정을 나누는 날입니다.

사   지간

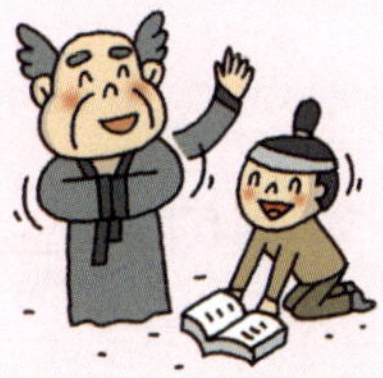

도전! 8급 시험

밑줄 친 말에 해당하는 한자를 <보기>에서 찾아 그 번호를 쓰세요.

<보기>   ① **母**   ② **兄**   ③ **弟**

1. 착한 <u>아우</u>는 밭에서 황금을 발견하였습니다. __________

2. <u>형</u>이랑 연을 날리러 갔습니다. __________

3. <u>엄마</u> 빚은 송편, 누나 눈썹 닮고. __________

21

먼저 발을 내미는 먼저 先, 새싹이 나오는 날 生

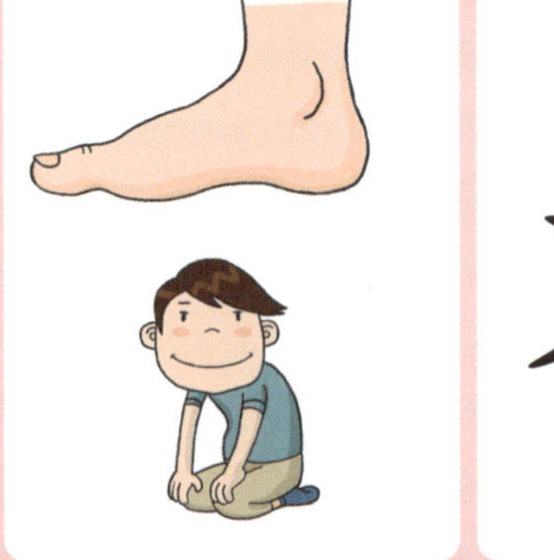

先

먼저 선

生

날 생

'먼저 선'은 앞으로 내미는 사람의 발 모양과
자리에 앉은 사람의 모습이에요.

'날 생'은 새싹이 흙에서 나오는
모양이에요.

풀이말 풀이말을 큰 소리로 읽으며 획을 따라 쓰세요.

따라 써 봐!

	先	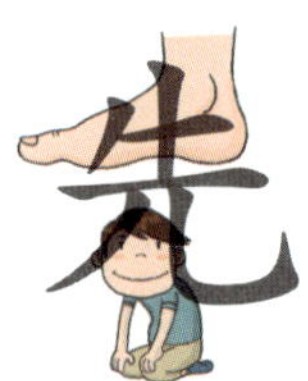	先
풀이말 앞으로 발을 내밀어	앉은 사람보다 먼저 가는	먼저 선	먼저 ☐

生	生		生
풀이말 새싹이	흙에서 나오는	날 생	날 ☐

도움말 先(먼저 선)의 위쪽과 生(날 생)은 모양이 비슷하지만 生(날 생)이 한 획 더 많아요.

물방울 🔵 에 가려진 한자를 필순에 맞게 쓰고, 빈칸에 훈과 음을 쓰세요.

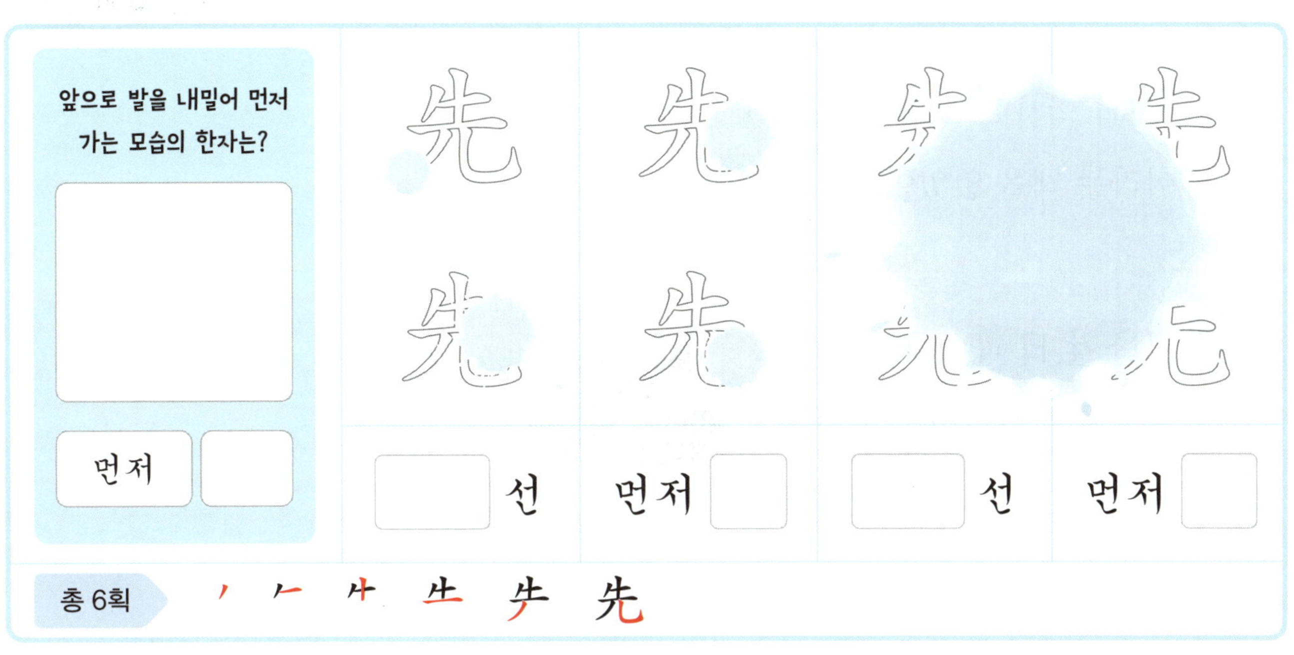

 한자 어휘

한자의 음을 쓰세요.

1️⃣ 학생을 가르치는 **先**생님

2️⃣ 세상에 태어난 날 **生**일

3️⃣ 먼저 와 닿은 차례 **先**착순 

4️⃣ 활동하며 살아가는 **生**활 

어휘 활용 문장을 소리 내어 읽고 한자의 음을 쓰세요.

한자의 음을 써 봐!

국어 2
1. 〈치과 의사 드소토 **先生**님〉 이라는 책을 읽었어요. — ☐☐님

기억 2
2. 지난 **生日** 파티의 추억으로 풍선을 가리키며 말했어요. — ☐☐

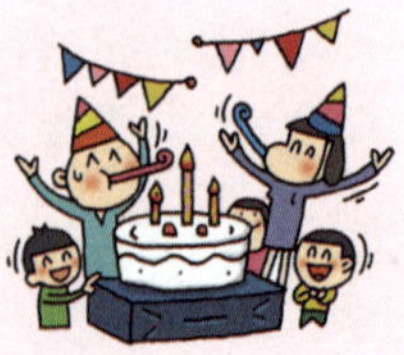

3. 놀이공원에서 **先**착순으로 공연 입장권을 나누어 주었습니다. — ☐착순

수학 2
4. 칠교 조각으로 **生**활 속 물건을 만들어 보세요. — ☐활

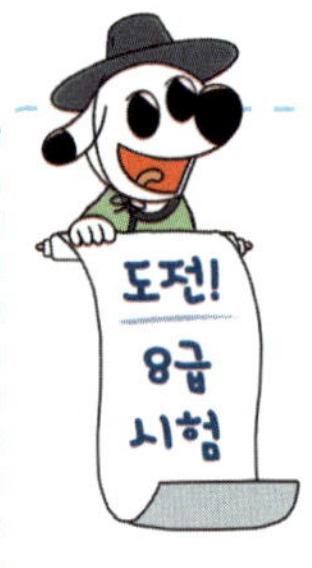

밑줄 친 말에 해당하는 한자를 〈보기〉에서 찾아 그 번호를 쓰세요.

〈보기〉 ① 弟 ② 先 ③ 生

1. 동생이 밥을 먹다가 혀를 깨물었습니다. ______
2. 검둥이가 새끼를 세 마리 낳았습니다. ______
3. 먼저 간 개미는 냄새를 묻히며 기어갑니다. ______

정답 1 선, 생 2 생, 일 3 선 4 생 | 1. ① 2. ③ 3. ②

22

막대로 셈을 배우는 배울 學, 친구를 사귀는 학교 校

배울 학

학교 교

'배울 학'은 아이가 두 손에 막대를 들고 책상에서 셈을 배우는 모습이에요.

'학교 교'는 나무(木)로 지은 곳에서 사람이 다리를 엇걸고 서서 친구를 사귀는(交) 모습이에요.

풀이말을 큰 소리로 읽으며 획을 따라 쓰세요.

따라 써 봐!

풀이말	두 손에 막대를 들고	책상에서 아이가 셈을 배우는	 배울 학	배울

풀이말	나무로 지은 곳에서	친구를 사귀는	 학교 교	학교

도움말 學(배울 학)에서 爻는 셈을 하거나 점을 치는 나무 막대로, ノ을 먼저 쓰고 ＼을 나중에 써요. 校(학교 교)에서 爻는 다리를 엇걸고 서로 친구를 사귀는 '사귈 교'예요. 父(아비 부)와 모양이 비슷하죠?

 물방울 한자 물방울 ⬤ 에 가려진 한자를 필순에 맞게 쓰고, 빈칸에 훈과 음을 쓰세요.

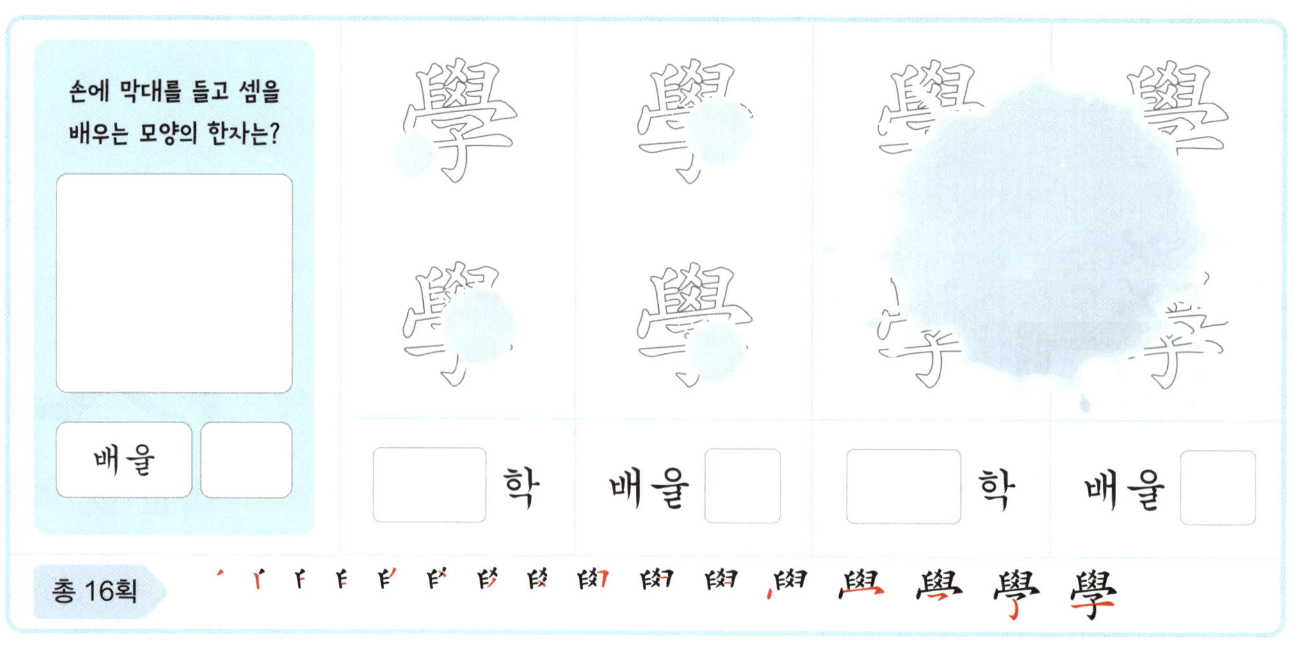

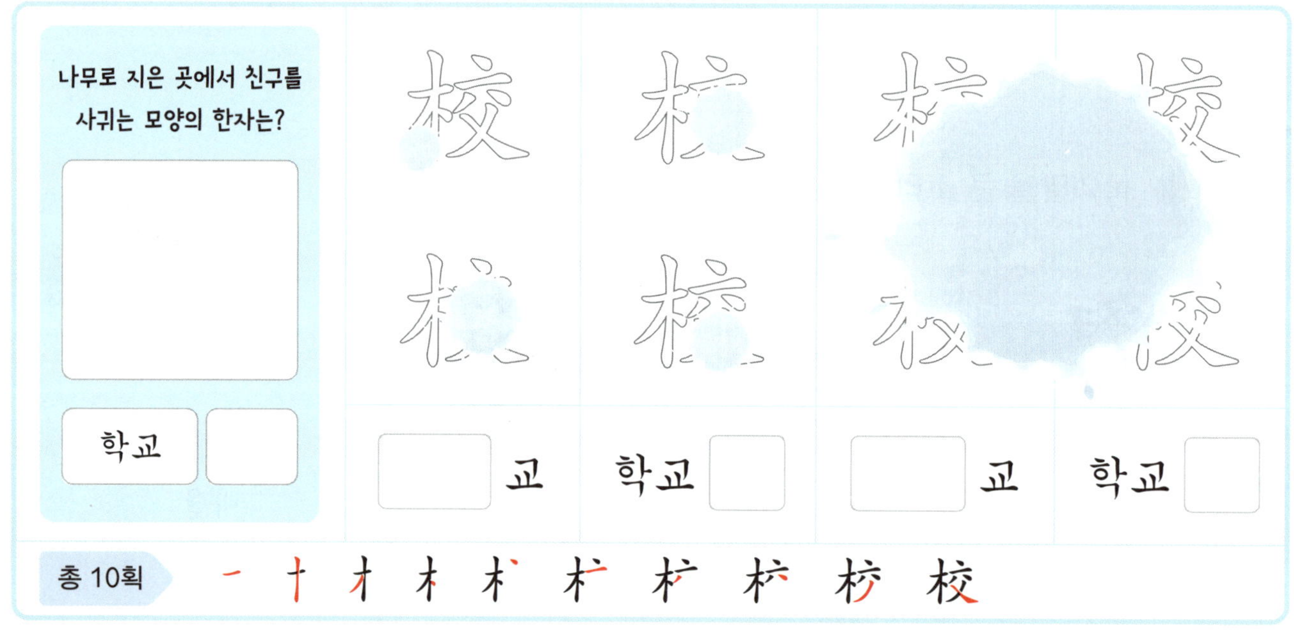

 한자 어휘 한자의 음을 쓰세요.

1 가르치고 배우는 學교 

2 학교를 드나드는 校문 

3 가르침을 배우는 學생

4 학교를 이끄는 校장

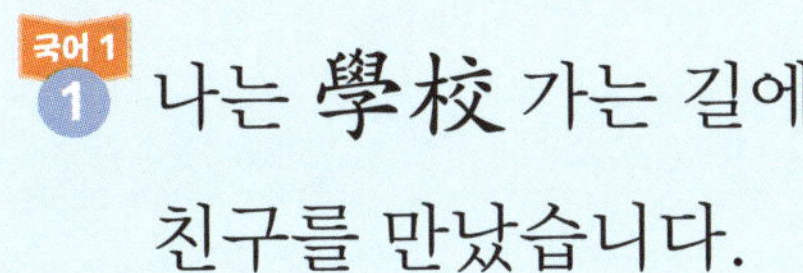

어휘 활용 문장을 소리 내어 읽고 한자의 음을 쓰세요.

한자의 음을 써 봐!

국어 1
1 나는 學校 가는 길에
친구를 만났습니다.

국어 2
2 校長 선생님께서 학교 뒤뜰을
꾸며 보라고 하셨어요.

선생님

수학 2
3 나비를 좋아하는 學生은
모두 몇 명인가요?

4 수업이 끝나자 아이들이 校門
밖으로 뿔뿔이 흩어집니다.

밑줄 친 말에 해당하는 한자를 <보기>에서 찾아 그 번호를 쓰세요.

<보기>	① 先	② 學	③ 校

1. 수요일마다 배우는 수영이 참 즐겁습니다. ________

2. 우리 학교 교목은 느티나무입니다. ________

3. 오늘은 내가 가장 먼저 교실에 왔습니다. ________

 셈하는 아들 회초리로 **가르칠 敎**, 흙으로 만든 **집 室**

가르칠 교

집 실

'가르칠 교'는 막대로 셈하는 아들과 회초리의 모양이에요. 막대를 들고 셈하는 아들을 회초리로 가르치는 모습이에요.

'집 실'은 굴뚝이 있는 지붕 아래 창문이 있는 흙집의 모습이에요.

풀이말 풀이말을 큰 소리로 읽으며 획을 따라 쓰세요.

| 풀이말 | 막대로 아들이 셈할 때 | 회초리를 들고 가르치는 | 가르칠 교 | 가르칠 ☐ |

| 풀이말 | 굴뚝이 있는 지붕 아래 | 창문이 있고 흙으로 지은 | 집 실 | 집 ☐ |

도움말 敎(가르칠 교)의 왼쪽은 산가지(爻)를 들고 아들(子)이 셈하는 모양이며 오른쪽은 회초리를 내리치는 攴(칠 복)이에요. 室(집 실)의 宀(지붕에 굴뚝), 厸(창문), 土(흙벽)은 각각 3획이에요.

물방울 한자 — 물방울 에 가려진 한자를 필순에 맞게 쓰고, 빈칸에 훈과 음을 쓰세요.

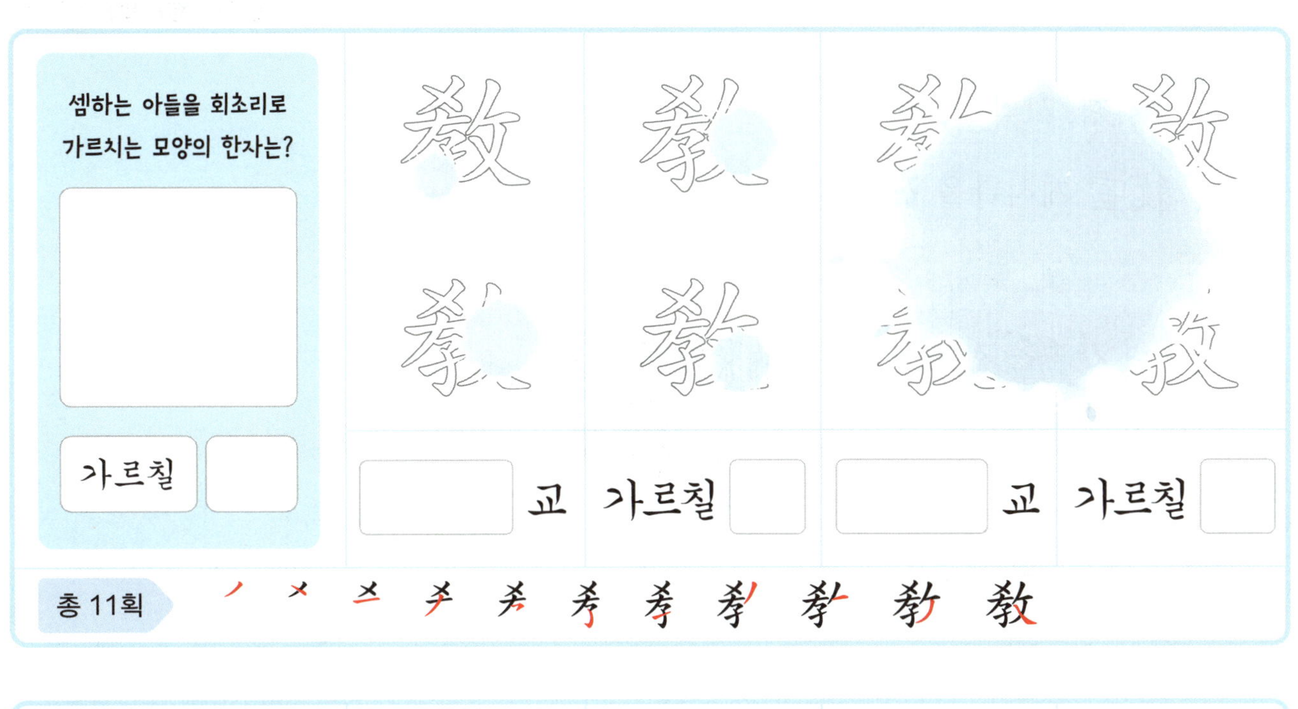

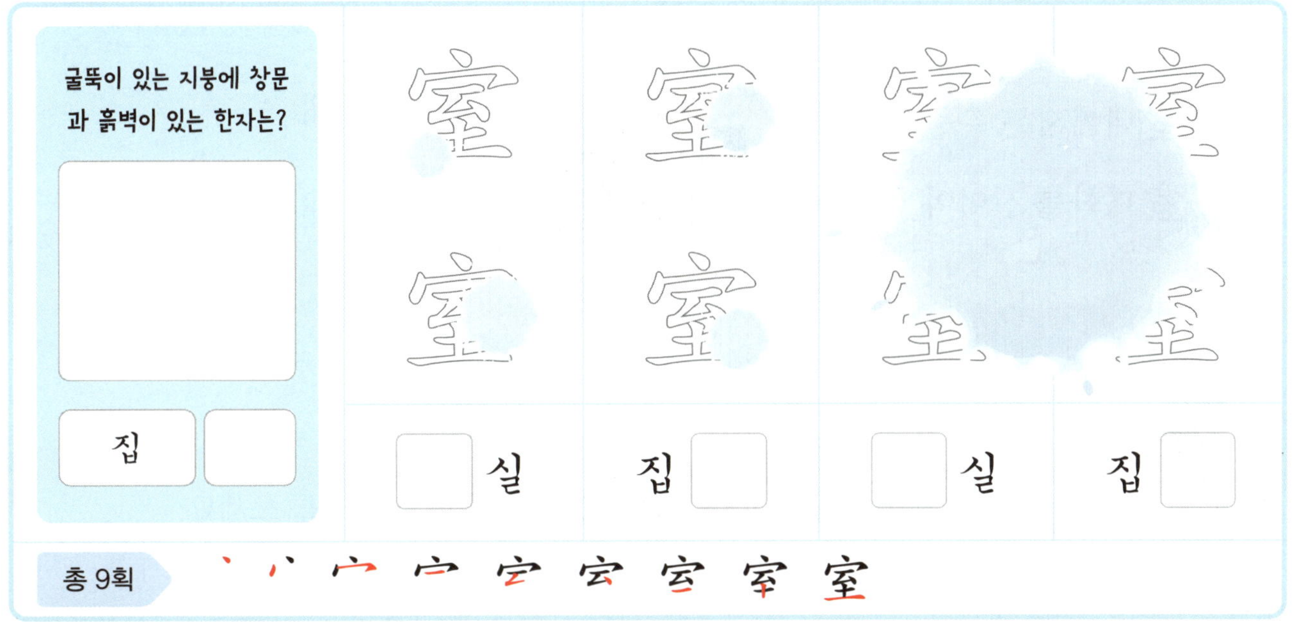

 한자 어휘 — 한자의 음을 쓰세요.

1 가르치는 방 **敎**실 

2 가족이 함께 있는 거**室** 

3 가르치고 깨우침 **敎**훈

4 집의 안쪽 **室**내

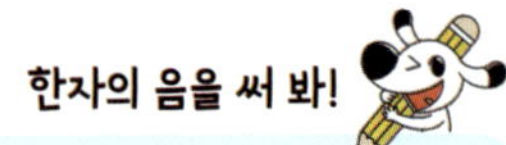

수학 2

1 삼각형, 사각형, 원으로

　　敎室 게시판을 꾸며 봅시다.

2 우리 가족은 거室에서

　　자주 보드게임을 합니다.

거

3 독서를 통해 즐거움과

　　敎훈을 얻습니다.

훈

4 室내에서는 운동화를 벗고

　　室내화를 신어야 합니다.

내

내화

밑줄 친 말에 해당하는 한자를 〈보기〉에서 찾아 그 번호를 쓰세요.

〈보기〉　　① 學　　　② 敎　　　③ 室

1. 나는 밤이 깊어지자 잠자는 <u>방</u>으로 갔습니다.　________

2. 공부는 왜 할까? 깨닫고 <u>배우기</u> 위해서야.　________

3. 아버지께서 꽃 이름을 <u>가르쳐</u> 주셨습니다.　________

 빈칸에 알맞은 한자와 훈음을 쓰세요.

 兄	校	 가르칠 교	 母	 배울 학
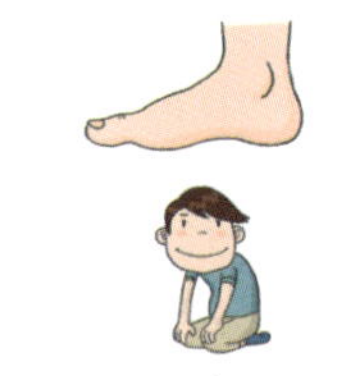 먼저 선	 生	 學	 室	 弟
 학교 교	父	教	 아우 제	 先

〈보기〉 父 母 兄 弟 先 生 學 校 敎 室

1 ☐☐ 모님은 동생의 모습을 사진기로 찍었습니다.

2 독서를 통해 즐거움과 ☐☐ 훈을 얻습니다.

3 〈치과 의사 드소토 ☐☐☐님〉이라는 책을 읽었어요.

4 칠교 조각으로 ☐☐ 활 속 물건을 만들어 보세요.

5 ☐☐ 장 선생님께서 말씀하셨습니다.

6 우리 ☐☐ 교 교목은 느티나무입니다.

7 스승의 날은 사 ☐☐ 지간의 정을 나누는 날입니다.

8 심청의 생 ☐☐ 는 딸을 낳은 지 7일 만에 죽고 맙니다.

9 아기 돼지 삼 ☐☐ 제가 살고 있었습니다.

10 ☐☐ 내에서는 ☐☐ 내화를 신어야 합니다.

맞힌 개수 / 15 개

[1~3] 다음 ( ) 안에 있는 한자의 독음(讀音: 읽는 소리)을 쓰세요.

1. (學)습 _______

2. 형(弟) _______

3. (先)생님 _______

[4~6] 다음 훈(訓: 뜻)이나 음(音: 소리)에 알맞은 한자를 〈보기〉에서 찾아 그 번호를 쓰세요.

〈보기〉 ① 學   ② 校   ③ 教

4. 학교 _______

5. 가르치다 _______

6. 배우다 _______

[7~9] 다음 밑줄 친 말에 해당하는 한자를 〈보기〉에서 찾아 그 번호를 쓰세요.

〈보기〉 ① 父   ② 兄   ③ 先

7. 자리를 먼저 양보합니다. _______

8. 아버지는 물을 마셨습니다. _______

9. 형이 나무를 심었습니다. _______

[10~13] 다음 한자의 훈(訓: 뜻)과 음(音: 소리)을 쓰세요.

〈보기〉 天 → 하늘 천

10. 母 _______

11. 生 _______

12. 弟 _______

13. 室 _______

[14~15] 다음 한자의 진하게 표시한 획은 몇 번째 쓰는지 〈보기〉에서 찾아 그 번호를 쓰세요.

〈보기〉
① 첫 번째   ② 두 번째
③ 세 번째   ④ 네 번째
⑤ 다섯 번째   ⑥ 여섯 번째
⑦ 일곱 번째   ⑧ 여덟 번째
⑨ 아홉 번째   ⑩ 열 번째

14. 　　15. 

_______　　_______

팔을 크게 벌린 큰 大, 해가 떠올라 성을 도는 한국 韓

큰 대

'큰 대'는 두 팔을 크게 벌린 모습이에요.

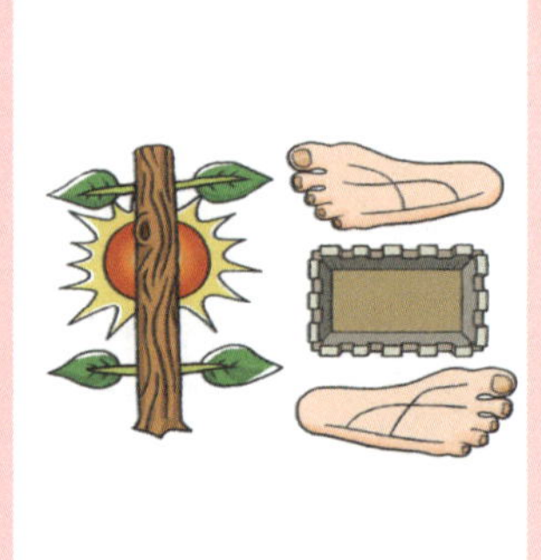 

한국 한

'한국 한'은 나무 사이로 해가 떠오르는 이른 아침, 성 둘레를 도는 모습이에요. '아침 해가 떠오르는 동쪽의 나라' 한국의 모습이에요.

풀이말 풀이말을 큰 소리로 읽으며 획을 따라 쓰세요.

따라 써 봐!

大	人		大
팔을 크게 벌린	사람	큰 대	큰

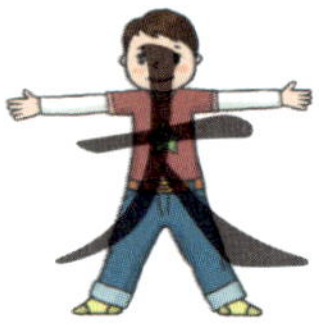

韓	韓	韓	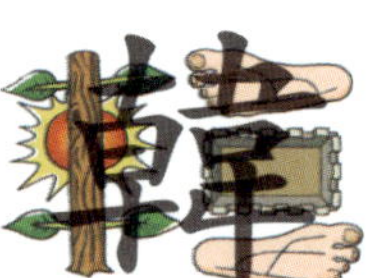	韓
나무 사이로	해가 떠오르는 이른 아침	성 둘레를 도는	한국 한	한국

도움말 韓의 卓은 나뭇가지(十) 사이로 해가 떠올라(日) 비추는(十) 모양이에요. 그리고 韓의 韋는 왼발(韋) + 성곽(韋) + 오른발(韋) 모양으로, 성의 둘레를 왼발과 오른발로 도는 모습이에요. 韓은 '나라 한'이라는 훈음도 있어요.

 물방울 ● 에 가려진 한자를 필순에 맞게 쓰고, 빈칸에 훈과 음을 쓰세요.

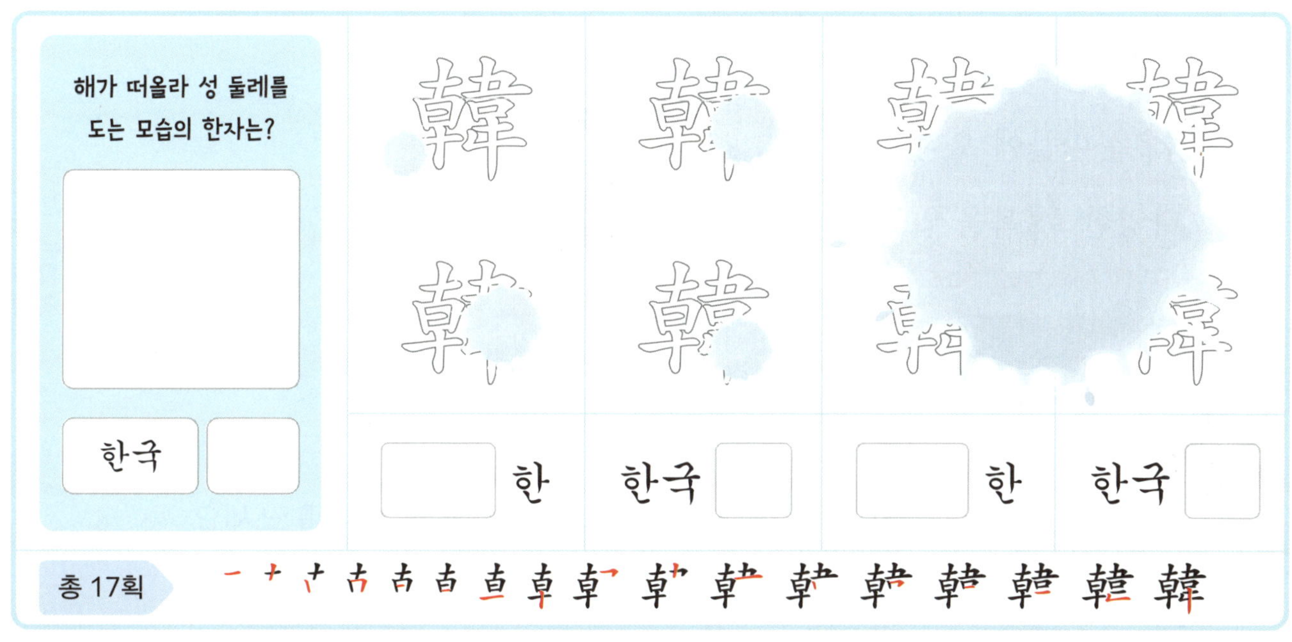

 한자의 음을 쓰세요.

① 큰 학문을 하는 **大**학 

② 우리의 고유 형식의 집 **韓**옥 

③ 큰 군사 **大**군 

④ 우리의 고유한 옷 **韓**복 

 **어휘 활용** 문장을 소리 내어 읽고 한자의 음을 쓰세요.

한자의 음을 써 봐!

우리나라 1
1 大韓 사람 대한으로
길이 보전하세.

우리나라 1
2 우리나라와 北韓의 비슷한 점과
다른 점을 생각해 봐요.

3 강감찬 장군은 거란의
10만 大군을 물리쳤습니다.

군

우리나라 1
4 韓옥 마을에 오니 사람들이
다양한 韓복을 입고 다녀요.

옥

복

밑줄 친 말에 해당하는 한자를 〈보기〉에서 찾아 그 번호를 쓰세요.

〈보기〉 　① 教　　② 大　　③ 韓

1. 우리는 일요일에 남산 한옥 마을에 갔습니다. ________

2. 형은 내게 축구를 가르쳐 주었습니다. ________

3. 99보다 1 큰 수를 100이라고 합니다. ________

정답 **1** 대, 한 **2** 북, 한 **3** 대 **4** 한, 한 ｜ 1. ③ 2. ① 3. ②

26 무리 지어 뿌리 내린 백성 民, 성 쌓고 지키는 나라 國

백성 민

나라 국

'백성 민'은 여러 사람이 무리 지어 뿌리를 내린 모습이에요.

'나라 국'은 성을 쌓고 창을 들고 마을을 지키는 모습이에요.

풀이말

풀이말을 큰 소리로 읽으며 획을 따라 쓰세요.

따라 써 봐!

풀이말

무리 지어	밑으로 옆으로	갈라져 뿌리 내린	백성 민	백성

풀이말

성을 쌓고 창을 들고	마을과 땅을	지키는	나라 국	나라

도움말 國(나라 국)에는 戈(창 과)가 들어 있는데, 戈(창 과)는 창날에 창 자루(戈), 받침대와 꾸미개(戈)의 모양이에요.

물방울 🔵 에 가려진 한자를 필순에 맞게 쓰고, 빈칸에 훈과 음을 쓰세요.

한자의 음을 쓰세요.

❶ 나라의 백성 **국民** 

❷ 나라의 땅 **國토**

❸ 같은 겨레 **民족** 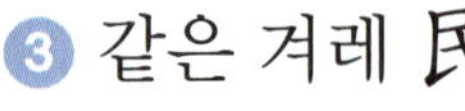

❹ 나라의 깃발 **國기** 

어휘 활용 문장을 소리 내어 읽고 한자의 음을 쓰세요.

한자의 음을 써 봐!

① 모든 國民은 教육을 받을 권리가 있습니다.	☐☐, ☐육
② 國土를 북쪽으로 두만강까지 넓혔습니다.	
③ 北쪽에는 같은 民족이 삽니다.	☐쪽 ☐족
④ 태극기는 大韓民國의 國기입니다. 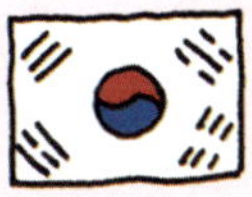	기

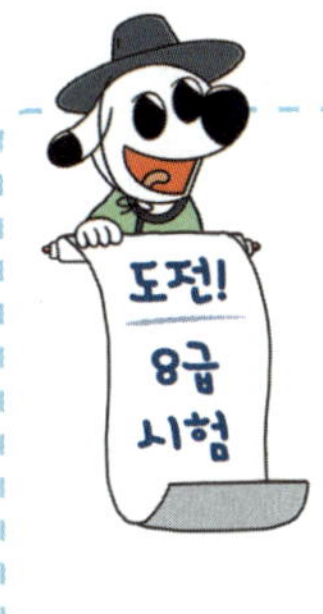

밑줄 친 말에 해당하는 한자를 <보기>에서 찾아 그 번호를 쓰세요.

<보기> ① 大 ② 民 ③ 國

1. 한글은 백성을 가르치는 바른 소리입니다. ______
2. 농부는 커다란 무를 뽑았습니다. ______
3. 세계 여러 나라는 각기 다른 말을 씁니다. ______

정답 ① 국, 민, 교 ② 국, 토 ③ 북, 민 ④ 대, 한, 민, 국, 국 | 1. ② 2. ① 3. ③

수레를 둘러싼 군사 軍, 몸을 세워 다리를 벌린 사람 人

군사 군

'군사 군'은 군사들이 수레에
무기를 싣고 전쟁터로 나가는 모습이에요.

사람 인

'사람 인'은 몸을 세워 다리를 벌린
사람의 모양이에요.

 풀이말을 큰 소리로 읽으며 획을 따라 쓰세요.

따라 써 봐!

軍	軍	軍	 軍
풀이말 빙 둘러	수레를 끄는	군사 군	군사 ☐

人	人		人
풀이말 몸을 세우고	다리를 벌린	사람 인	사람 ☐

도움말 車(수레 차/거)는 수레를 위에서 내려다본 모습으로, 바퀴(車)와 굴대(車)*를 그려 수레를 나타냈어요.
*굴대는 수레의 양쪽 바퀴에 끼우는 막대로 자동차의 차축과 같은 기능을 해요.

물방울 에 가려진 한자를 필순에 맞게 쓰고, 빈칸에 훈과 음을 쓰세요.

빙 둘러 수레를 끄는 모습의 한자는?

군사 □

□ 군 군사 □ □ 군 군사 □

총 9획 ᄀ ᄀ ᄀ ᄃ 宣 宣 昌 軍

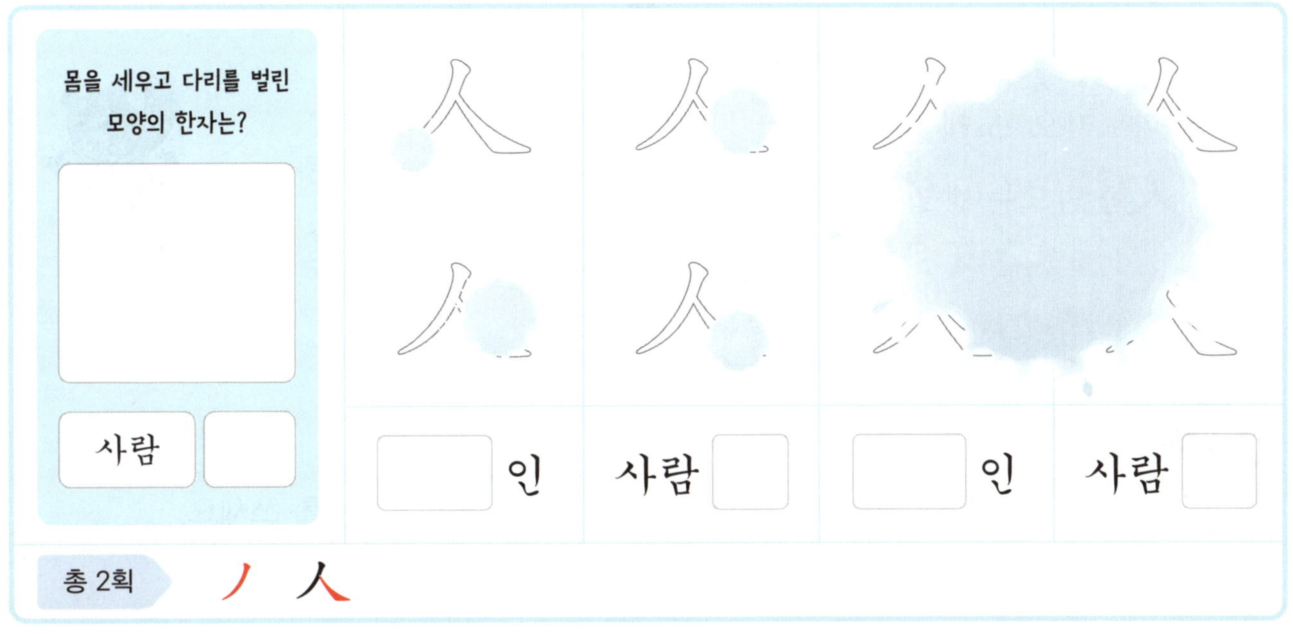

몸을 세우고 다리를 벌린 모양의 한자는?

사람 □

□ 인 사람 □ □ 인 사람 □

총 2획 ノ 人

한자의 음을 쓰세요.

① 군대에 있는 **軍**인 

② 만나면 반갑게 꾸벅 **人**사 

③ 바다를 지키는 해**軍** 

④ 사람 모양의 장난감 **人**형 

어휘 활용 문장을 소리 내어 읽고 한자의 음을 쓰세요.

한자의 음을 써 봐!

1 軍人은 군사 훈련도 하지만
國가 재난을 돕기도 합니다.

☐☐ / ☐가

국어 1
2 하굣길에 만나면
웃는 얼굴로 人사합시다.

☐사

3 올해 시월 四寸 兄이
해軍에 입대하였습니다.

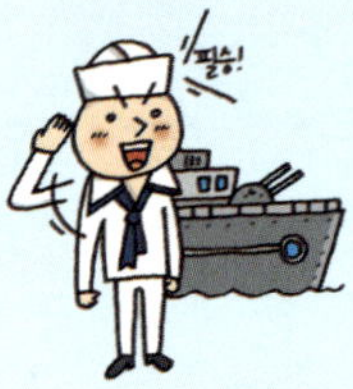

☐☐☐ / 해☐

이야기 1
4 '피노키오' 노래를 듣고
人형 만드는 방법을 생각해 볼까요?

☐형

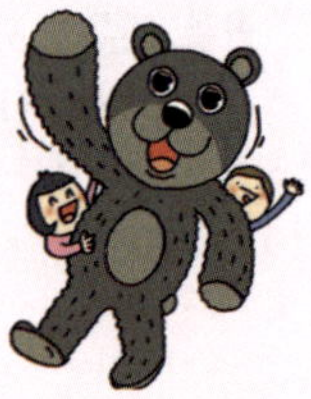

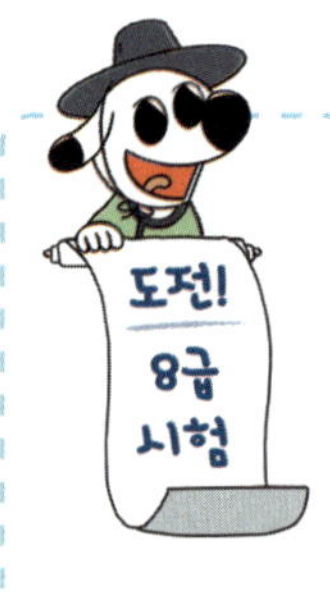

밑줄 친 말에 해당하는 한자를 <보기>에서 찾아 그 번호를 쓰세요.

<보기> ① 國 ② 軍 ③ 人

1. 해수욕장에는 <u>사람</u>이 정말 많았습니다. ________
2. 무궁화는 우리<u>나라</u>의 꽃입니다. ________
3. 삼촌은 강원도에 있는 <u>군대</u>에 있습니다. ________

정답 1 군, 인, 국 2 인 3 사, 촌, 형, 군 4 인 | 1. ③ 2. ① 3. ②

28 풀 이끼가 많은 일만 萬, 볏단을 쌓는 해 年

일만 **만**

해 **년**

'일만 만'은 풀 같은 이끼가 나무늘보 털에 많이 자란 모습이에요. 여름이 되면 나무늘보 털에 이끼가 많이 자란대요.

'해 년'은 농부가 고개를 숙이고 볏단을 쌓는 모습이에요. 농부는 가을에 벼를 거두어 볏단을 쌓으며 한 해를 갈무리해요.

 **풀이말** 풀이말을 큰 소리로 읽으며 획을 따라 쓰세요.

따라 써 봐!

	萬		萬
풀 같은 이끼가	나무늘보 털에 많이 자라는	일만 만	일만 ☐

	年		年
고개를 숙이고	볏단을 쌓는	해 년	해 ☐

도움말 萬 아래 禹(나무늘보 우)은 뭉뚝한 입(禹)에 다리를 벌리고(禹), 나무에 몸을 매달고(禹) 사는 나무늘보의 모양이에요.

물방울 한자 물방울 에 가려진 한자를 필순에 맞게 쓰고, 빈칸에 훈과 음을 쓰세요.

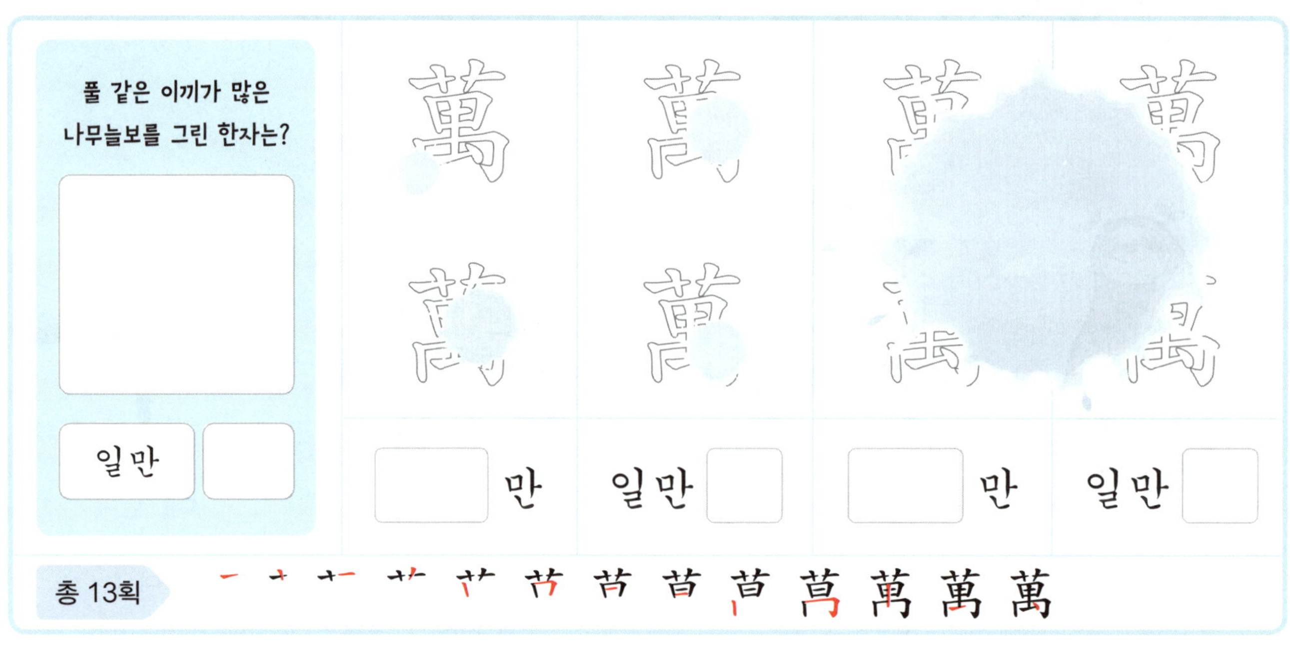

풀 같은 이끼가 많은 나무늘보를 그린 한자는?

일만

| 만 | 일만 | 만 | 일만 |

총 13획 — 萬 萬 萬 萬

고개 숙이고 볏단 쌓는 모습의 한자는?

해

| 년 | 해 | 년 | 해 |

총 6획 — 年

 **한자 어휘** 한자의 음을 쓰세요.

1 세계의 모든 나라 **萬국** 

2 젊은 사람 **청年** 

3 오랜 세월 영원히 **萬세** 

4 태어난 해 **생年** 

① 운동회에

萬國기가 걸려있어요.

| | | 기 |

② **大韓民國**의

靑年은 나라의 미래입니다.

③ 거리마다 **大韓**독립

萬세 소리가 울려 퍼졌습니다.

| | 독립 |
| 세 | |

④ **外國**에 갈 때 여권의

生年月日을 확인합니다.

밑줄 친 말에 해당하는 한자를 <보기>에서 찾아 그 번호를 쓰세요.

<보기>　　①**人**　　②**萬**　　③**年**

1. 새해 복 많이 받으세요. ________

2. 만 명의 군사들이 사흘 밤을 걸었습니다. ________

3. 공원에는 많은 사람이 있었습니다. ________

양팔을 모은 여자 女, 도끼 모양 임금 王

女

여자 녀

‘여자 녀’는 양팔을 모으고
앉은 여자 모양이에요.

王

임금 왕

‘임금 왕’은 임금님의 크고
화려한 도끼 모양이에요.

 **풀이말** 풀이말을 큰 소리로 읽으며 획을 따라 쓰세요.

따라 써 봐!

女	女		女
풀이말 오른팔과 왼팔	다소곳이 모은	여자 녀	여자 ☐

王	王		王
풀이말 손잡이 자루	도끼날	임금 왕	임금 ☐

물방울 ⬤ 에 가려진 한자를 필순에 맞게 쓰고, 빈칸에 훈과 음을 쓰세요.

한자의 음을 쓰세요.

① 여자 임금 **女**왕

② 머리에 쓰는 **王**관

③ 어머니와 딸 **모女**

④ 크게 훌륭한 왕 **대王**

문장을 소리 내어 읽고 한자의 음을 쓰세요.

한자의 음을 써 봐!

1 매년 5, 6월에 **女王**개미와
수개미가 하늘로 날아올라요.

☐☐ 개미

2 수탉을 불러서 멋진 **王**관을
머리에 씌워 주었습니다.

☐ 관

3 제주 올레길을 **母女**가
다정히 걷고 있습니다.

☐☐

인물 2
4 만주 벌판 달려라.
광개토**大王**.

밑줄 친 말에 해당하는 한자를 〈보기〉에서 찾아 그 번호를 쓰세요.

〈보기〉　　① 年　　　② 女　　　③ 王

1. 뮬란은 <u>여자</u>임을 숨기고 전쟁에 나갑니다. ________

2. 벌거벗은 <u>임금님</u>이 말을 타고 있습니다. ________

3. 새 교실에서 새로운 한 <u>해</u>를 시작합니다. ________

정답　① 여, 왕　② 왕　③ 모, 녀　④ 대, 왕　|　1. ② 2. ③ 3. ①

 빈칸에 알맞은 한자와 훈음을 쓰세요.

人

年

나라 국

女

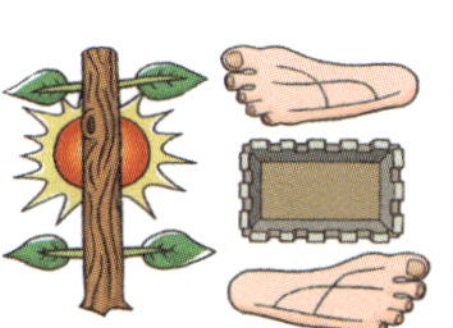

한국 한

군사 군

王

韓

民

萬

大

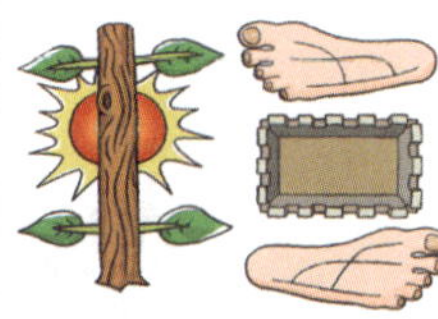

國

해 년

軍

일만 만

<보기> 大 韓 民 國 軍 人 萬 年 女 王

1. 강감찬 장군은 거란의 10만 ☐ 군을 물리쳤습니다.

2. 모든 국 ☐ 은 교육을 받을 권리가 있습니다.

3. ☐ 토를 두만강까지 넓혔습니다. 

4. 대한민국의 청 ☐ 은 나라의 미래입니다.

5. ☐ 복을 입고 세배를 하였습니다. 

6. 모 ☐ 가 다정히 걷고 있습니다.

7. 대한독립 ☐ 세 소리가 울려 퍼졌습니다. 

8. 여 ☐ 개미와 수개미가 하늘로 날아올라요. 

9. 하굣길에 만나면 웃는 얼굴로 ☐ 사합시다.

10. 사촌 형이 해 ☐ 에 입대하였습니다. 

8급 급수 시험 예상 문제

[1~3] 다음 ( ) 안에 있는 한자의 독음(讀音: 읽는 소리)을 쓰세요.

1. (韓)국　　　　　__________

2. (萬)세　　　　　__________

3. (軍)인　　　　　__________

[4~6] 다음 훈(訓: 뜻)이나 음(音: 소리)에 알맞은 한자를 <보기>에서 찾아 그 번호를 쓰세요.

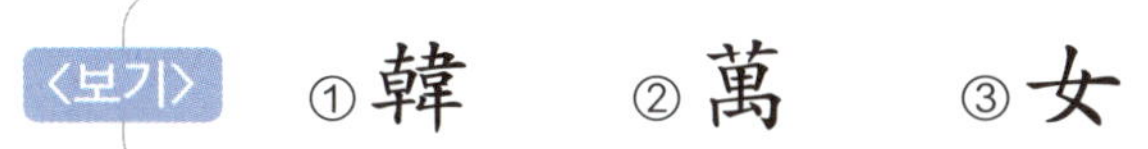

4. 일만　　　　　__________

5. 녀　　　　　__________

6. 한국 / 나라　　　　　__________

[7~9] 다음 밑줄 친 말에 해당하는 한자를 <보기>에서 찾아 그 번호를 쓰세요.

7. 해마다 나무를 심습니다.　　　　　__________

8. 커다란 북도 만들었습니다.　　　　　__________

9. 도시에는 사람이 많습니다.　__________

[10~13] 다음 한자의 훈(訓: 뜻)과 음(音: 소리)을 쓰세요.

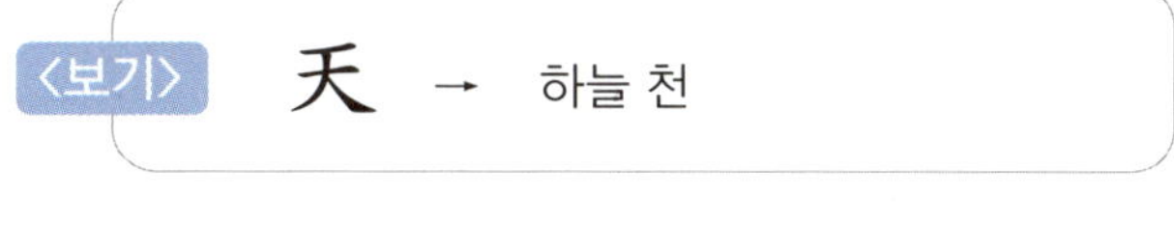

10. 女　　　　　__________

11. 王　　　　　__________

12. 軍　　　　　__________

13. 民　　　　　__________

[14~15] 다음 한자의 진하게 표시한 획은 몇 번째 쓰는지 <보기>에서 찾아 그 번호를 쓰세요.

<보기>

① 첫 번째	② 두 번째
③ 세 번째	④ 네 번째
⑤ 다섯 번째	⑥ 여섯 번째
⑦ 일곱 번째	⑧ 여덟 번째
⑨ 아홉 번째	⑩ 열 번째

14. 韓　　　　　15. 國

__________　　　　　__________

한자능력검정시험을 보기 전에 알아 두면 좋아요!

1. 시험 일정은?

보통 2월, 5월, 8월, 11월 셋째 주 토요일에 실시합니다. 교육급수시험(4급~8급)의 시험 시간은 오전 11시, 공인급수시험(특급~3급Ⅱ)은 오후 3시로 서로 다릅니다. 또한 매년 시험 날짜가 바뀔 수 있으므로 반드시 한국어문회 홈페이지(www.hanja.re.kr)에서 확인해야 합니다.

2. 급수는 어떻게 나뉘나요?

한자능력검정시험은 교육급수(4급~8급)와 공인급수(특급~3급Ⅱ)로 나뉩니다. 8급이 가장 쉬운 한자 급수로, 초등학생은 교육급수(4급~8급)를 취득하기를 권합니다.

교육급수	읽기	쓰기
8급	50	0
7급 Ⅱ	100	0
7급	150	0
6급 Ⅱ	225	50
6급	300	150
5급 Ⅱ	400	225
5급	500	300
4급 Ⅱ	750	400
4급	1,000	500

3. 어떤 유형의 문제가 나오나요?

문제 유형은 총 13가지로, 8급의 경우 3가지 유형에서 출제됩니다. 한자의 소리(음)를 묻는 독음 문제와 한자의 뜻과 소리를 묻는 훈음 문제가 대부분입니다(50문항 중 48문항). 이 외에 한 획 한 획 쓰는 순서를 알고 있는지를 묻는 필순 문제가 2문제 출제됩니다.

구분	8급	7급Ⅱ	7급	6급Ⅱ	6급
* 독음	24	22	32	32	33
* 훈음	24	30	30	29	22
장단음	0	0	0	0	0
반의어	0	2	2	2	3
완성형	0	2	2	2	3
부수	0	0	0	0	0
동의어	0	0	0	0	2
동음이의어	0	0	0	0	2
뜻풀이	0	2	2	2	2
약자	0	0	0	0	0
한자 쓰기	0	0	0	10	20
* 필순	2	2	2	3	3
한문	0	0	0	0	0

4. 시험 시간 및 문항 수는 어떻게 되나요?

시험 시간은 50분입니다. 8급은 50문제 중 35문제 이상 맞혀야 합격입니다.

구분	출제 문항	합격 문항
8급	50	35
7급 Ⅱ	60	42
7급	70	49
6급 Ⅱ	80	56
6급	90	63
5급 Ⅱ·5급·4급 Ⅱ·4급	100	70

모의 한자능력검정시험

8급

- 출제 기준 : ㈜한국어문회 한자능력검정시험
- 시험 문항 : 50문항
- 시험 시간 : 50분
- 합격 문항 : 35문항

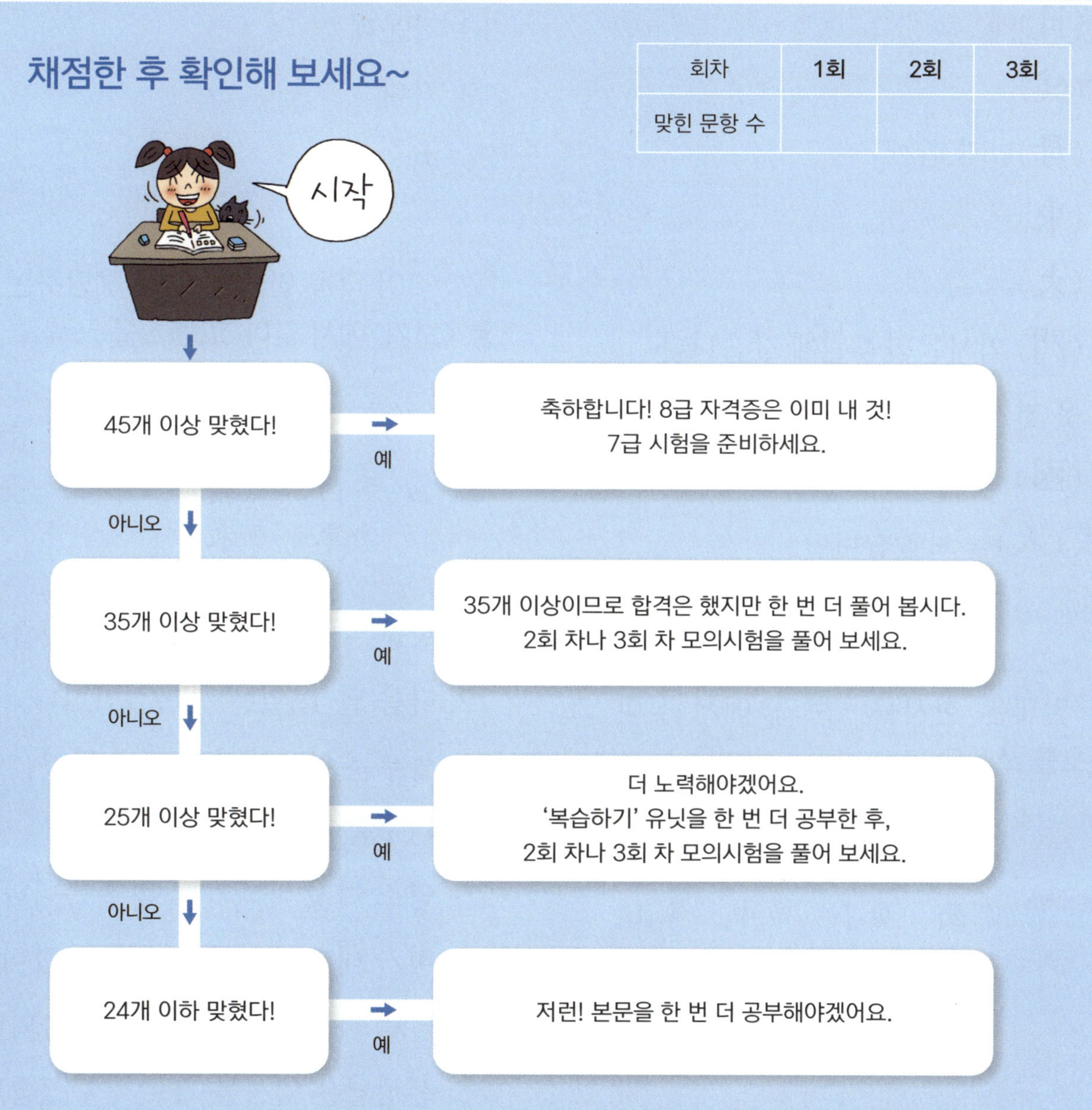

회차	1회	2회	3회
맞힌 문항 수			

모의 한자능력검정시험 8급

시험 시간 : 50분
합격 문항 수 :
50개 중 35개

[1~10] 다음 글을 읽고 ( ) 안에 있는 한자의 독음(讀音: 읽는 소리)을 쓰세요.

<보기> 音 → 음

1. 지난 (土)요

2. (日)에

3. (父)

4. (母)님과 함께

5. (東)

6. (大)

7. (門) 역사문화공원에 갔습니다.

8. 옷 가게와 음식점에서 많은 (外)

9. (國)

10. (人)을 보았습니다.

[11~20] 다음 훈(訓: 뜻)이나 음(音: 소리)에 알맞은 한자를 <보기>에서 찾아 그 번호를 쓰세요.

<보기>
① 寸　② 十　③ 長　④ 三
⑤ 西　⑥ 小　⑦ 中　⑧ 山
⑨ 金　⑩ 兄

11. 산

12. 길다

13. 마디

14. 형

15. 서녘

16. 열

17. 셋

18. 가운데

19. 작다

20. 쇠

[21~30] 다음 밑줄 친 말에 해당하는 한자를 <보기>에서 찾아 그 번호를 쓰세요.

<보기>
① 六　② 王　③ 月　④ 南
⑤ 白　⑥ 敎　⑦ 弟　⑧ 女
⑨ 軍　⑩ 木

21. 장군은 <u>군사</u>의 사기를 북돋웠습니다.

22. 다음 <u>달</u> 15일은 광복절입니다.

23. 놀부는 <u>아우</u>인 흥부에게 물었습니다.

24. <u>흰</u>구름이 예쁩니다.

25. 염소 <u>여섯</u> 마리가 풀을 뜯습니다.

26. 비가 내리면 <u>나무</u>가 쑥쑥 자랍니다.

27. <u>남녘</u> 하늘에 쌍무지개가 떴습니다.

28. 선생님은 역사를 <u>가르쳐</u> 주셨습니다.

29. <u>여자</u> 세 명이 공기 놀이를 합니다.

30. <u>임금</u>님 귀는 당나귀 귀.

[31~40] 다음 한자의 훈(訓: 뜻)과 음(音: 소리)을 쓰세요.

<보기>　天　→　하늘 천

31. 學
32. 水
33. 先
34. 生
35. 青
36. 年
37. 九
38. 校
39. 萬
40. 五

[41~44] 다음 한자의 훈(訓: 뜻)을 <보기>에서 찾아 그 번호를 쓰세요.

<보기>　① 여덟　② 북녘　③ 백성　④ 불

41. 北
42. 火

43. 八
44. 民

[45~48] 다음 한자의 음(音: 소리)을 <보기>에서 찾아 그 번호를 쓰세요.

<보기>　① 칠　② 한　③ 이　④ 사

45. 七
46. 四
47. 韓
48. 二

[49~50] 다음 한자의 진하게 표시한 획은 몇 번째 쓰는지 <보기>에서 찾아 그 번호를 쓰세요.

<보기>
① 첫 번째　② 두 번째
③ 세 번째　④ 네 번째
⑤ 다섯 번째　⑥ 여섯 번째
⑦ 일곱 번째　⑧ 여덟 번째
⑨ 아홉 번째　⑩ 열 번째

49.  室

50.  東

모의 한자능력검정시험 8급

시험 시간 : 50분

합격 문항 수 : 50개 중 35개

[1~10] 다음 글을 읽고 (　) 안에 있는 한자의 독음(讀音: 읽는 소리)을 쓰세요.

<보기>　　音 → 음

1. (中)
2. (學)
3. (生)이 된
4. (兄)이
5. 우리 학(校)
6. (敎)
7. (室)
8. (門)을 열고 들어 와서
9. (先)생님께
10. (人)사를 하였습니다.

[11~20] 다음 훈(訓: 뜻)이나 음(音: 소리)에 알맞은 한자를 <보기>에서 찾아 그 번호를 쓰세요.

<보기>
① 北　② 萬　③ 寸　④ 父
⑤ 大　⑥ 西　⑦ 火　⑧ 長
⑨ 木　⑩ 日

11. 일만
12. 마디
13. 불
14. 서녘
15. 북녘 / 달아나다
16. 아비
17. 해 / 날
18. 나무
19. 길다
20. 크다

[21~30] 다음 밑줄 친 말에 해당하는 한자를 <보기>에서 찾아 그 번호를 쓰세요.

<보기>
① 兄　② 白　③ 外　④ 七
⑤ 小　⑥ 弟　⑦ 八　⑧ 山
⑨ 四　⑩ 靑

21. 동생이
22. 집 밖으로 놀러 나갔습니다.
23. 넷의 두 배는
24. 여덟입니다.
25. 아침 일곱 시가 되면
26. 형은 잠자리에서 일어납니다.
27. 푸른색과
28. 흰색 모자를 각자 썼습니다.

29. 작은 나무를

30. 산에 심었습니다.

[31~40] 다음 한자의 훈(訓: 뜻)과 음(音: 소리)을 쓰세요.

<보기> 天 → 하늘 천

31. 十
32. 王
33. 土
34. 水
35. 母
36. 月
37. 五
38. 女
39. 六
40. 年

[41~44] 다음 한자의 훈(訓: 뜻)을 <보기>에서 찾아 그 번호를 쓰세요.

<보기> ① 한국 ② 아홉 ③ 동녘 ④ 백성

41. 東
42. 民

43. 韓
44. 九

[45~48] 다음 한자의 음(音: 소리)을 <보기>에서 찾아 그 번호를 쓰세요.

<보기> ① 삼 ② 남 ③ 이 ④ 금

45. 金
46. 二
47. 三
48. 南

[49~50] 다음 한자의 진하게 표시한 획은 몇 번째 쓰는지 <보기>에서 찾아 그 번호를 쓰세요.

<보기>
① 첫 번째 ② 두 번째
③ 세 번째 ④ 네 번째
⑤ 다섯 번째 ⑥ 여섯 번째
⑦ 일곱 번째 ⑧ 여덟 번째
⑨ 아홉 번째 ⑩ 열 번째

49.  國   50.  軍

모의 한자능력검정시험 8급

시험 시간 : 50분
합격 문항 수 : 50개 중 35개

[1~10] 다음 글을 읽고 ( ) 안에 있는 한자의 독음(讀音: 읽는 소리)을 쓰세요.

 <보기>　音 → 음

1. 반(萬)
2. (年)의 역사를 갖고 있는
3. (大)
4. (韓)
5. (民)
6. (國)의 영토는
7. (南)
8. (北)으로 약 1,100 km
9. (東)
10. (西)로 약 300 km입니다.

[11~20] 다음 훈(訓: 뜻)이나 음(音: 소리)에 알맞은 한자를 <보기>에서 찾아 그 번호를 쓰세요.

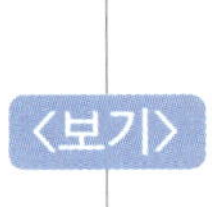

<보기>
① 日　② 軍　③ 外　④ 十
⑤ 弟　⑥ 五　⑦ 二　⑧ 月
⑨ 小　⑩ 先

11. 선
12. 열
13. 달
14. 날 / 해
15. 아우
16. 작다
17. 둘
18. 바깥
19. 군사
20. 다섯

[21~30] 다음 밑줄 친 말에 해당하는 한자를 <보기>에서 찾아 그 번호를 쓰세요.

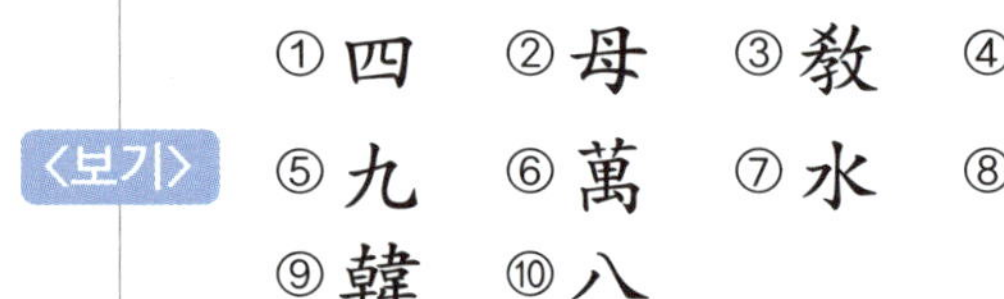

<보기>
① 四　② 母　③ 敎　④ 土
⑤ 九　⑥ 萬　⑦ 水　⑧ 門
⑨ 韓　⑩ 八

21. 넷 더하기 다섯은 아홉입니다.
22. 아기가 어머니의 품에서 잠듭니다.
23. 문을 열기 전에 먼저 두드립니다.
24. 피자를 여덟 조각으로 잘랐습니다.
25. 한국에서 가장 큰 섬은 제주도입니다.
26. 선생님은 지식과 지혜를 가르칩니다.
27. 무더운 여름이면 물놀이를 합니다.
28. 넉 달이 지났습니다.

29. 모임에 일만 명이 모였습니다.

30. 화분에 흙을 먼저 채웠습니다.

[31~40] 다음 한자의 훈(訓: 뜻)과 음(音: 소리)을 쓰세요.

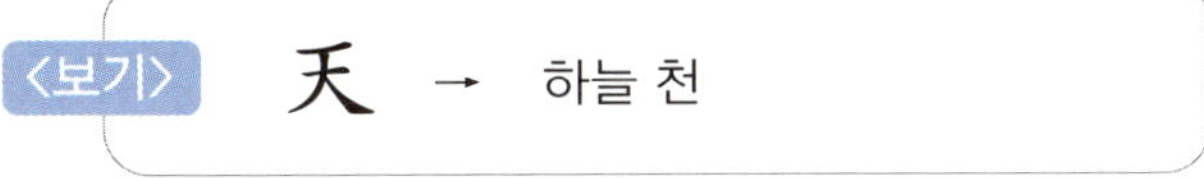

31. 校

32. 生

33. 火

34. 女

35. 白

36. 王

37. 兄

38. 六

39. 學

40. 寸

[41~44] 다음 한자의 훈(訓: 뜻)을 〈보기〉에서 찾아 그 번호를 쓰세요.

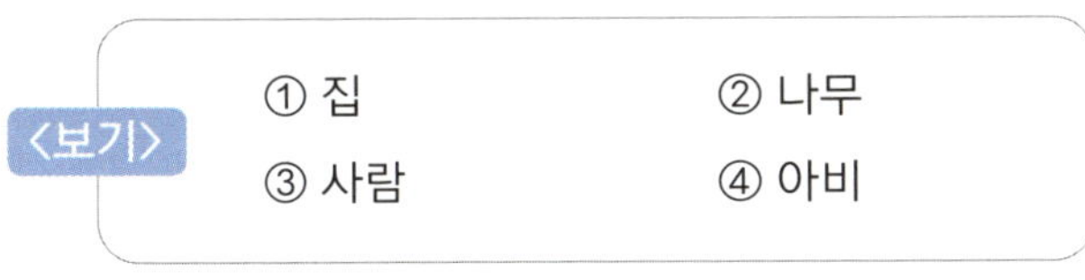

41. 木

42. 父

43. 人

44. 室

[45~48] 다음 한자의 음(音: 소리)을 〈보기〉에서 찾아 그 번호를 쓰세요.

45. 七

46. 青

47. 中

48. 三

[49~50] 다음 한자의 진하게 표시한 획은 몇 번째 쓰는지 〈보기〉에서 찾아 그 번호를 쓰세요.

49. 

50. 

06. 01~05과 복습하기

28쪽

❶ 外　❷ 月, 日　❸ 長　❹ 水　❺ 木
❻ 金　❼ 寸　❽ 火　❾ 土, 日　❿ 外

29쪽

1. 금　2. 외　3. 촌　4. ②　5. ③
6. ①　7. ③　8. ①　9. ②　10. 불 화
11. 나무 목　12. 바깥 외　13. 달 월　14. ⑦　15. ⑥

12. 07~11과 복습하기

46쪽

❶ 二　❷ 八　❸ 五　❹ 九, 九　❺ 三
❻ 六　❼ 四　❽ 十, 九　❾ 三, 一　❿ 七

47쪽

1. 오　2. 사　3. 칠　4. ③　5. ②
6. ①　7. ③　8. ①　9. ②　10. 여덟 팔
11. 열 십　12. 한 일　13. 아홉 구　14. ④　15. ③

18. 13~17과 복습하기

64쪽

❶ 小　❷ 東, 西　❸ 南, 北　❹ 門　❺ 中
❻ 山　❼ 靑　❽ 白　❾ 南, 北　❿ 東

65쪽

1. 북　2. 청　3. 동　4. ③　5. ①
6. ②　7. ③　8. ①　9. ②　10. 흰 백
11. 가운데 중　12. 푸를 청　13. 서녘 서　14. ⑥　15. ⑦

24. 19~23과 복습하기

82쪽

❶ 父　❷ 敎　❸ 先, 生　❹ 生　❺ 校
❻ 學　❼ 弟　❽ 母　❾ 兄　❿ 室, 室

83쪽

1. 학　2. 제　3. 선　4. ②　5. ③
6. ①　7. ③　8. ①　9. ②　10. 어미 모
11. 날 생　12. 아우 제　13. 집 실　14. ⑧　15. ④

30. 25~29과 복습하기

100쪽

❶ 大　❷ 民　❸ 國　❹ 年　❺ 韓
❻ 女　❼ 萬　❽ 王　❾ 人　❿ 軍

101쪽

1. 한　2. 만　3. 군　4. ②　5. ③
6. ①　7. ③　8. ①　9. ②　10. 여자 녀
11. 임금 왕　12. 군사 군　13. 백성 민　14. ⑤　15. ⑩

01회 모의시험

104~105쪽

1. 토	13. ①
2. 일	14. ⑩
3. 부	15. ⑤
4. 모	16. ②
5. 동	17. ④
6. 대	18. ⑦
7. 문	19. ⑥
8. 외	20. ⑨
9. 국	21. ⑨
10. 인	22. ③
11. ⑧	23. ⑦
12. ③	24. ⑤

25. ①	38. 학교 교
26. ⑩	39. 일만 만
27. ④	40. 다섯 오
28. ⑥	41. ②
29. ⑧	42. ④
30. ②	43. ①
31. 배울 학	44. ③
32. 물 수	45. ①
33. 먼저 선	46. ④
34. 날 생	47. ②
35. 푸를 청	48. ③
36. 해 년	49. ⑧
37. 아홉 구	50. ⑥

02회 모의시험

106~107쪽

1. 중	13. ⑦
2. 학	14. ⑥
3. 생	15. ①
4. 형	16. ④
5. 교	17. ⑩
6. 교	18. ⑨
7. 실	19. ⑧
8. 문	20. ⑤
9. 선	21. ⑥
10. 인	22. ③
11. ②	23. ⑨
12. ③	24. ⑦

25. ④	38. 여자 녀
26. ①	39. 여섯 륙
27. ⑩	40. 해 년
28. ②	41. ③
29. ⑤	42. ④
30. ⑧	43. ①
31. 열 십	44. ②
32. 임금 왕	45. ④
33. 흙 토	46. ③
34. 물 수	47. ①
35. 어미 모	48. ②
36. 달 월	49. ⑩
37. 다섯 오	50. ⑧

03회 모의시험

108~109쪽

1. 만	13. ⑧
2. 년	14. ①
3. 대	15. ⑤
4. 한	16. ⑨
5. 민	17. ⑦
6. 국	18. ③
7. 남	19. ②
8. 북	20. ⑥
9. 동	21. ⑤
10. 서	22. ②
11. ⑩	23. ⑧
12. ④	24. ⑩

25. ⑨	38. 여섯 륙
26. ③	39. 배울 학
27. ⑦	40. 마디 촌
28. ①	41. ②
29. ⑥	42. ④
30. ④	43. ③
31. 학교 교	44. ①
32. 날 생	45. ②
33. 불 화	46. ③
34. 여자 녀	47. ①
35. 흰 백	48. ④
36. 임금 왕	49. ⑦
37. 형 형	50. ⑥

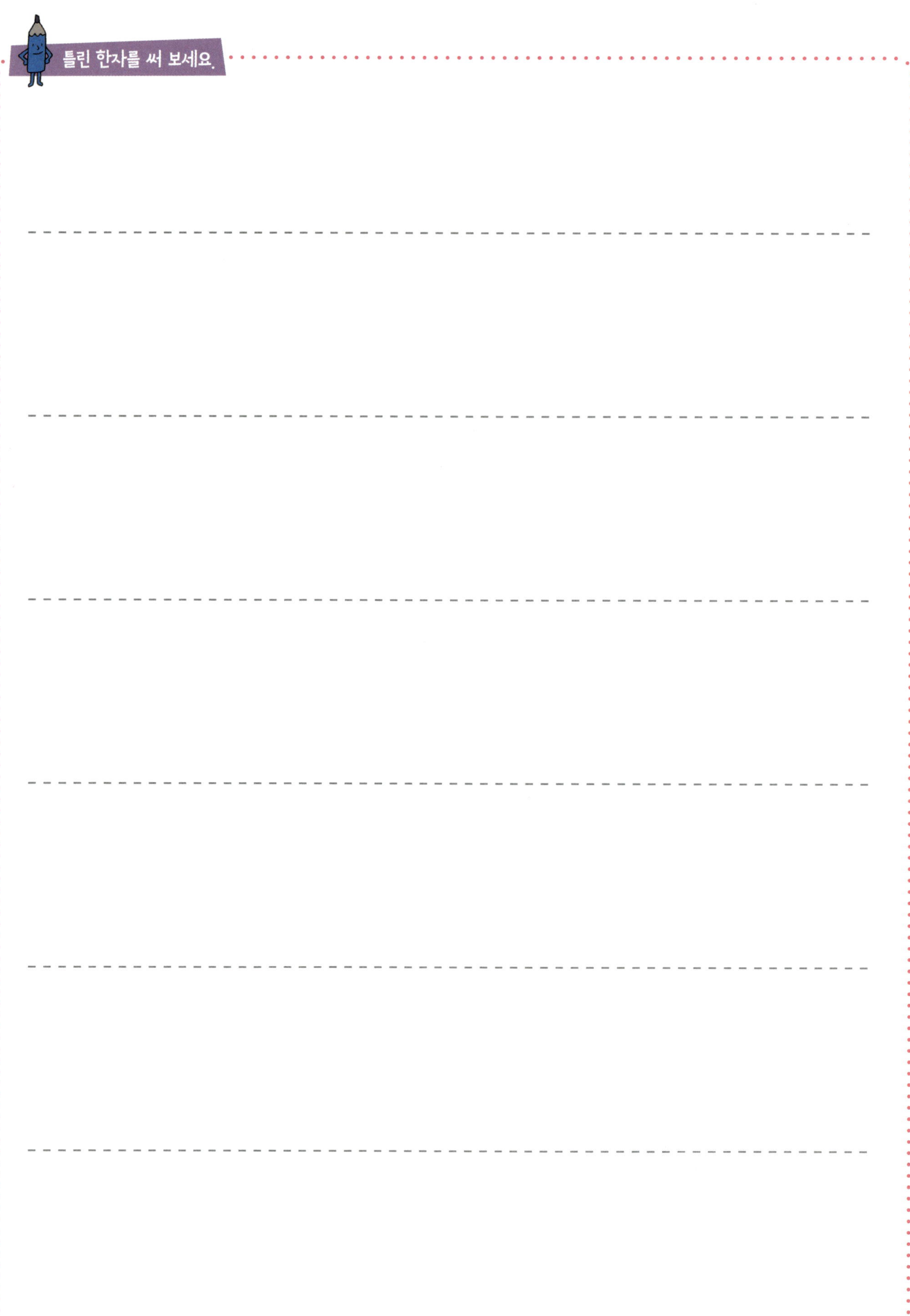

<table>
<tr><td>수험번호 □□□-□□-□□□□</td><td>성명 □□□□□</td></tr>
<tr><td>생년월일 □□□□□□ ※ 주민등록번호 앞 6자리 숫자를 기입하십시오.</td><td>※ 성명은 한글로 작성
※ 필기구는 검정색 볼펜만 가능</td></tr>
</table>

※ 답안지는 컴퓨터로 처리되므로 구기거나 더럽히지 마시고, 정답 칸 안에만 쓰십시오.
　글씨가 채점란으로 들어오면 오답 처리가 됩니다.

01회 모의 한자능력검정시험 8급 답안지(1) (시험 시간: 50분)

답안란		채점란		답안란		채점란	
번호	정답	1검	2검	번호	정답	1검	2검
1				13			
2				14			
3				15			
4				16			
5				17			
6				18			
7				19			
8				20			
9				21			
10				22			
11				23			
12				24			

감독위원	채점위원(1)		채점위원(2)		채점위원(3)	
(서명)	(서명)	(득점)	(서명)	(득점)	(서명)	(득점)

※ 답안지는 컴퓨터로 처리되므로 구기거나 더럽히지 마시고, 정답 칸 안에만 쓰십시오. 글씨가 채점란으로 들어오면 오답처리가 됩니다.

01회 모의 한자능력검정시험 8급 답안지(2)

답안란		채점란		답안란		채점란	
번호	정답	1검	2검	번호	정답	1검	2검
25				38			
26				39			
27				40			
28				41			
29				42			
30				43			
31				44			
32				45			
33				46			
34				47			
35				48			
36				49			
37				50			

절취선

<table>
<tr><td>수험번호 □□□-□□-□□□□</td><td>성명 □□□□□</td></tr>
<tr><td>생년월일 □□□□□□ ※ 주민등록번호 앞 6자리 숫자를 기입하십시오.</td><td>※ 성명은 한글로 작성
※ 필기구는 검정색 볼펜만 가능</td></tr>
</table>

※ 답안지는 컴퓨터로 처리되므로 구기거나 더럽히지 마시고, 정답 칸 안에만 쓰십시오.
　글씨가 채점란으로 들어오면 오답 처리가 됩니다.

02회 모의 한자능력검정시험 8급 답안지(1) (시험 시간: 50분)

번호	정답	1검	2검	번호	정답	1검	2검
	답안란	채점란			답안란	채점란	
1				13			
2				14			
3				15			
4				16			
5				17			
6				18			
7				19			
8				20			
9				21			
10				22			
11				23			
12				24			

감독위원	채점위원(1)		채점위원(2)		채점위원(3)	
(서명)	(서명)	(득점)	(서명)	(득점)	(서명)	(득점)

절취선 ✂

※ 답안지는 컴퓨터로 처리되므로 구기거나 더럽히지 마시고, 정답 칸 안에만 쓰십시오. 글씨가 채점란으로 들어오면 오답처리가 됩니다.

02회 모의 한자능력검정시험 8급 답안지(2)

번호	정답	1검	2검	번호	정답	1검	2검
	답안란	채점란			답안란	채점란	
25				38			
26				39			
27				40			
28				41			
29				42			
30				43			
31				44			
32				45			
33				46			
34				47			
35				48			
36				49			
37				50			

절취선

<table>
<tr><td>수험번호 □□□-□□-□□□□</td><td>성명 □□□□□</td></tr>
<tr><td>생년월일 □□□□□□ ※ 주민등록번호 앞 6자리 숫자를 기입하십시오.</td><td>※ 성명은 한글로 작성
※ 필기구는 검정색 볼펜만 가능</td></tr>
</table>

※ 답안지는 컴퓨터로 처리되므로 구기거나 더럽히지 마시고, 정답 칸 안에만 쓰십시오.
　글씨가 채점란으로 들어오면 오답 처리가 됩니다.

03회 모의 한자능력검정시험 8급 답안지(1) (시험 시간: 50분)

답안란		채점란		답안란		채점란	
번호	정답	1검	2검	번호	정답	1검	2검
1				13			
2				14			
3				15			
4				16			
5				17			
6				18			
7				19			
8				20			
9				21			
10				22			
11				23			
12				24			

감독위원	채점위원(1)		채점위원(2)		채점위원(3)	
(서명)	(서명)	(득점)	(서명)	(득점)	(서명)	(득점)

03회 모의 한자능력검정시험 8급 답안지(2)

번호	정답	1검	2검	번호	정답	1검	2검
25				38			
26				39			
27				40			
28				41			
29				42			
30				43			
31				44			
32				45			
33				46			
34				47			
35				48			
36				49			
37				50			

바빠 따라 쓰기

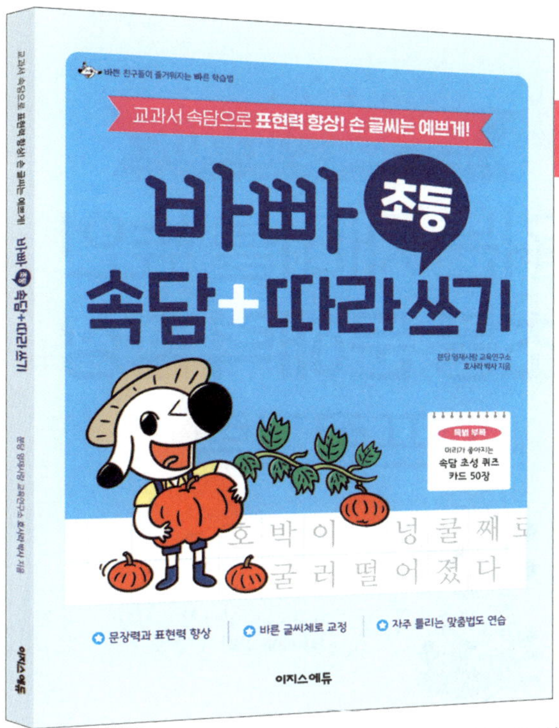

바빠 초등 속담 + 따라 쓰기 | 12,000원

영재 교육학 박사가 만든 속담 책!

교과서 속담으로 표현력 향상! 손 글씨는 예쁘게!

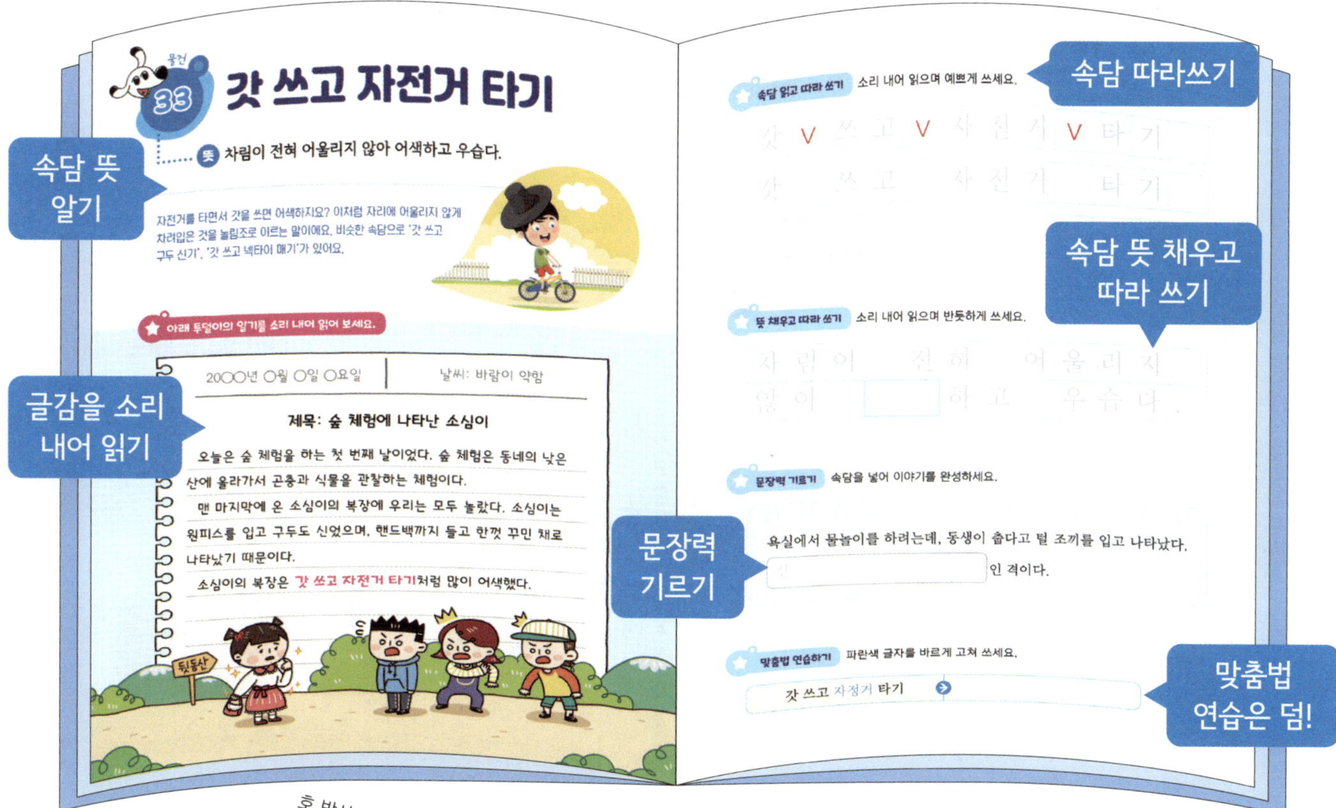

호 박사
바빠 초등 **사자성어+따라 쓰기**와 **관용어+따라 쓰기**도 있어요!

초등 국어

바빠 독해

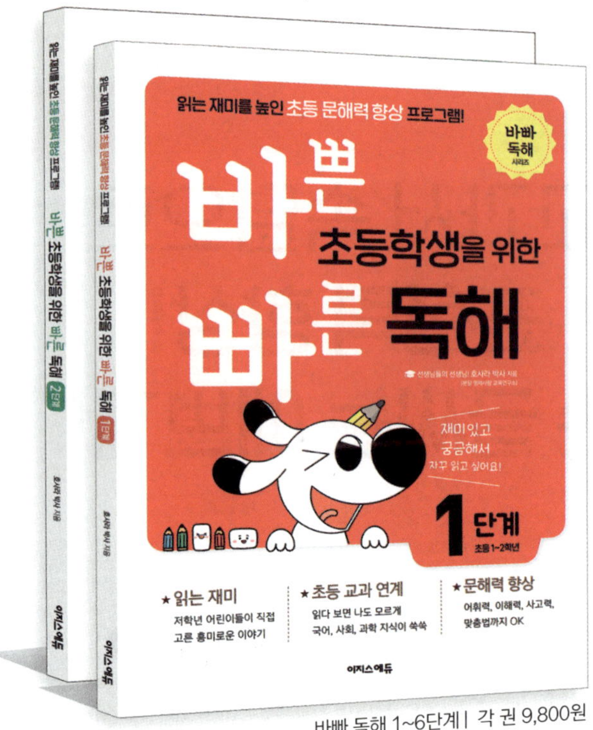

바빠 독해 1~6단계 | 각 권 9,800원

초등 교과 연계 100%

읽는 재미를 높인 초등 문해력 향상 프로그램

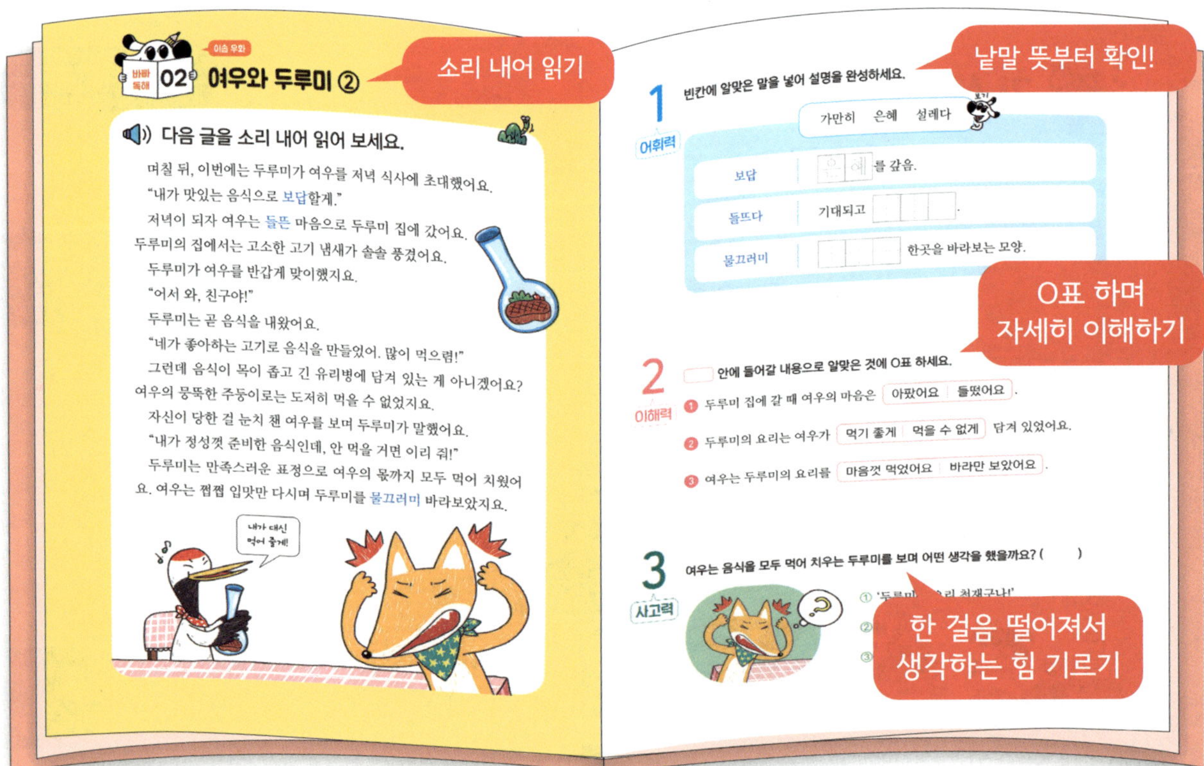

호 박사

영재사랑 연구소에서 16년간 지도한 내용 중 **누구나 쉽게 성취감을 맛볼 수 있는 활동**을 선별했어요!

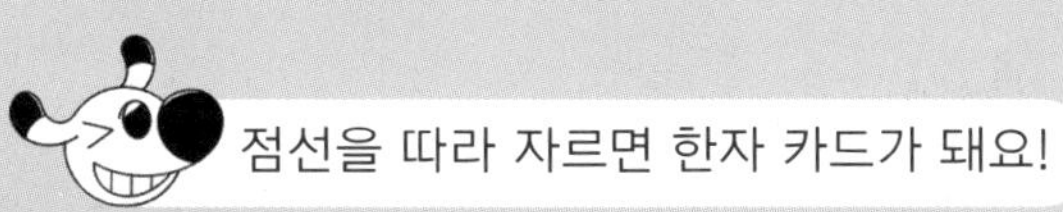 8급 그림 한자 카드

점선을 따라 자르면 한자 카드가 돼요!

日	月	火
水	木	金
土	外	寸
長	一	二

불 **화**

달 **월**

날 **일**

쇠 **금**

나무 **목**

물 **수**

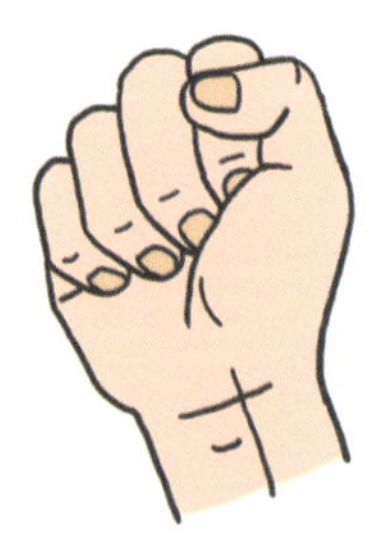

마디 **촌**

바깥 **외**

흙 **토**

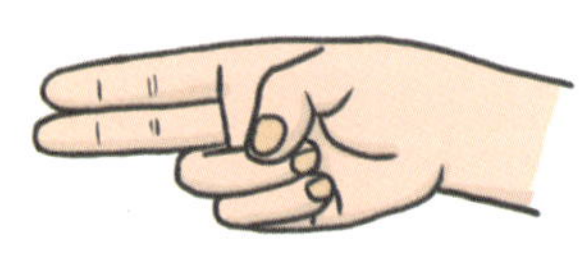

두 **이**

한 **일**

긴 **장**

三　四　五

六　七　八

九　十　東

西　南　北

小　門　山

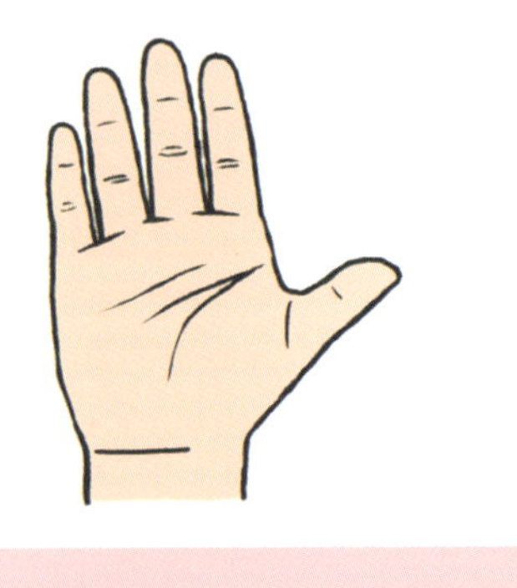

다섯 오

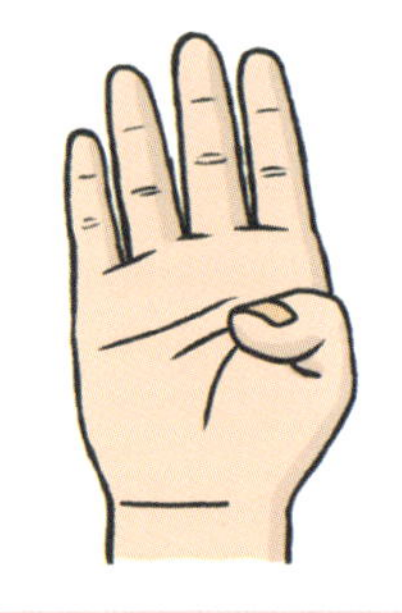

넉 사

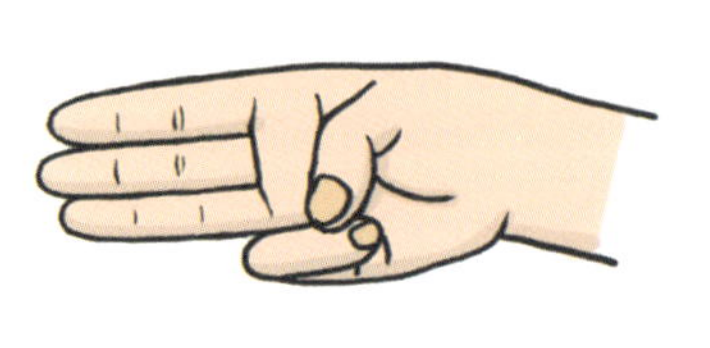

석 삼

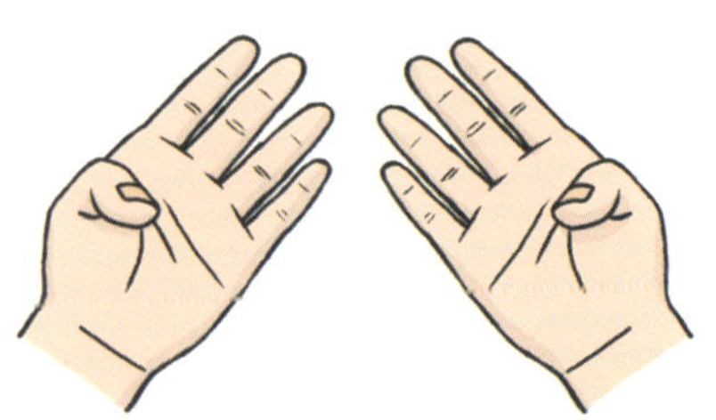

여덟 팔

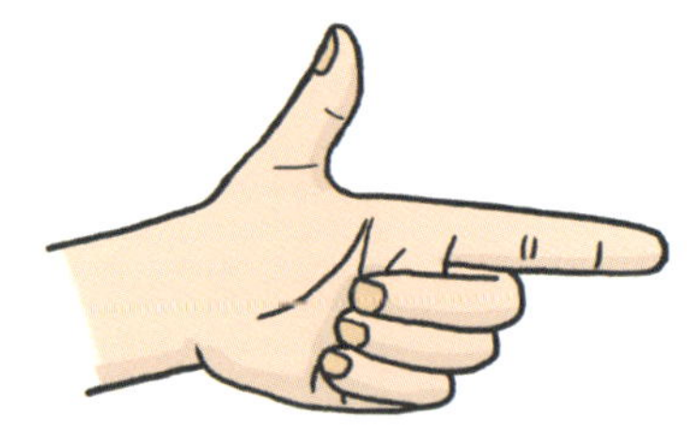

일곱 칠

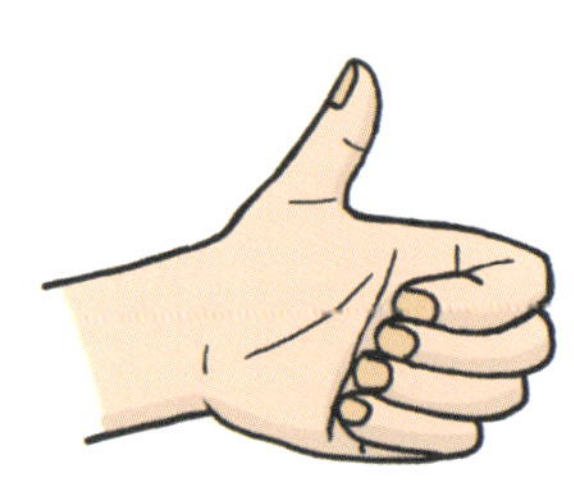

여섯 륙

동녘 동

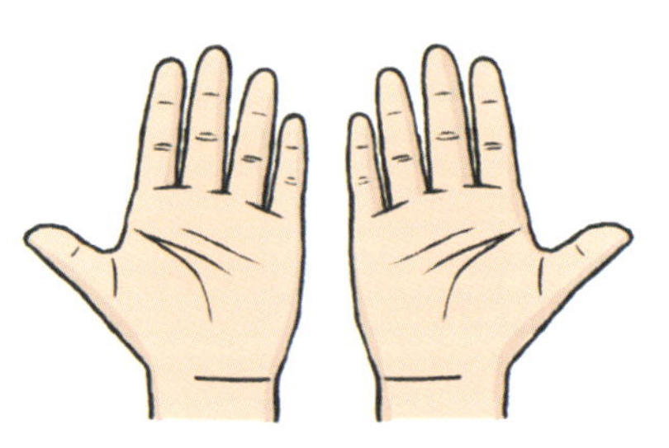

열 십

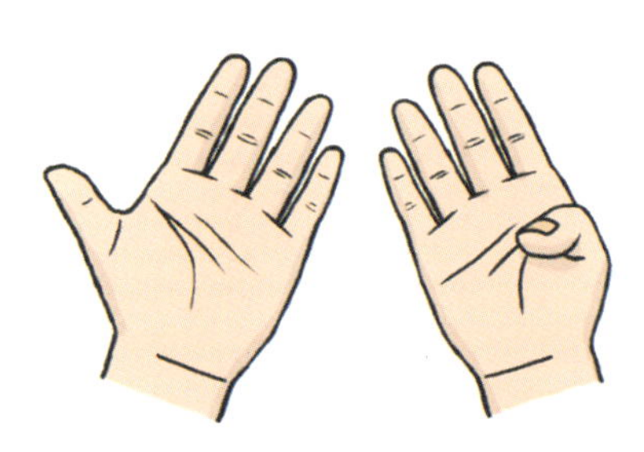

아홉 구

북녘 북

남녘 남

서녘 서

메 산

문 문

작을 소

白	青	申
兄	母	父
生	先	弟
教	校	學
韓	夫	室

흰 백

푸를 청

가운데 중

형 형

어미 모

아비 부

날 생

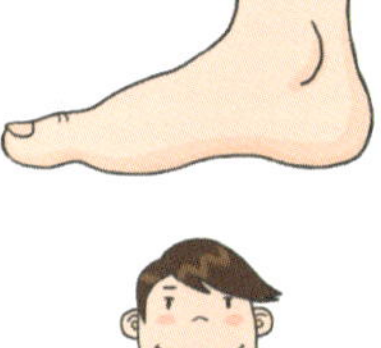

먼저 선

아우 제

가르칠 교

학교 교

배울 학

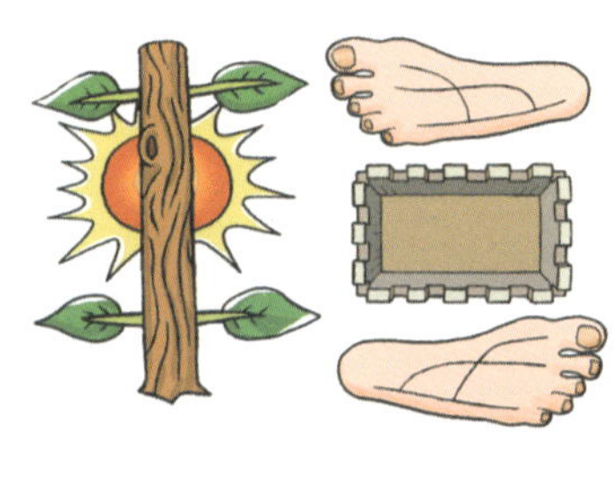

한국 한

큰 대

집 실

民　國　軍

人　萬　年

女　王　

  한자 카드 이렇게 활용해 보세요.

하나

한자를 보고 훈음을 알아맞히거나, 훈음을 보고 한자를 맞혀 보세요.

둘

한자 카드를 바닥에 펼쳐 놓고 다른 사람이 불러 주는 한자를 빨리 찾는 놀이를 해 보세요. 친구들과 누가 먼저 찾는지 내기를 하면 더 재미있어요.

셋

한자가 적힌 앞면이 보이도록 카드를 펼쳐 놓으세요. 가위바위보를 하여 이긴 사람이 카드를 골라 훈음을 말하고, 정답을 맞히면 카드를 가져갑니다. 한자 카드를 많이 가진 사람이 승리!

군사 군

나라 국

백성 민

해 년

일만 만

사람 인

임금 왕

여자 녀

바빠 초등 8급 한자

우리는 아이들을 탈락시키지 않고 모두 목적지까지 데려가는 책을 만듭니다. 이지스에듀